铁路机车防寒安全读本

北京铁路局　编

中国铁道出版社

2012年·北　京

内 容 简 介

全书共分四章，主要内容包括：机车防寒工作总则、内燃机车防寒知识、电力机车防寒知识、冬季人身防寒措施及注意事项等四大部分。包括东风系列内燃机车、韶山系列电力机车及和谐型 HXD_3、HXD_{3B}、HXD_{3C}、HXD_{2B}、HXN_3、HXN_5 型交流传动机车。

本书可作为铁路机务职工防寒过冬安全教育培训教材，亦可作为广大干部、职工自学用书。

图书在版编目（CIP）数据

铁路机车防寒安全读本/北京铁路局编 —北京：中国铁道出版社，2012.10
ISBN 978-7-113-15441-7

Ⅰ.①铁… Ⅱ.①北… Ⅲ.①机车—防寒—基本知识 Ⅳ.①U279.2

中国版本图书馆 CIP 数据核字（2012）第 234387 号

书　　名：铁路机车防寒安全读本
作　　者：北京铁路局　编

责任编辑：孙　楠　**电话：**(010)51873421　**电子信箱：**tdpress@126. com
封面设计：崔　欣
责任校对：焦桂荣
责任印制：陆　宁

出版发行：中国铁道出版社（100054，北京市西城区右安门西街 8 号）
网　　址：http：//www. tdpress. com
印　　刷：大厂聚鑫印刷有限责任公司
版　　次：2012 年 10 月第 1 版　2012 年 10 月第 1 次印刷
开　　本：787 mm×1 092 mm　1/32　印张：5.5　插页：2　字数：123 千
书　　号：ISBN 978-7-113-15441-7
定　　价：13.50 元

版权所有　侵权必究

凡购买铁道版图书，如有印制质量问题，请与本社读者服务部联系调换。
电　话：市电（010）51873170，路电（021）73170（发行部）
打击盗版举报电话：市电（010）63549504，路电（021）73187

编 委 会 名 单

主　　　　任：陆长林　张居才

主　　　　编：许秀杰

主　　　　审：修少鹏　曹元枫

参加编审人员：李　强　李　东　贺建忠
王永辉　任佳栋　杨振河
赵　军　杨德政　李金福
王金昌　彭兴军　常建华
张春雨　胡　敏　王学义
刘永革　陈　凯　王聚龙
邓　洪　韩志强　祝　曦
王建信　刘英奎　柳福增

责 任 编 审：邓　洪　韩志强

编委会名单

主　　任：陈长林　张居木

主　　编：许秀杰

主　　审：修少鹏　曾元枫

参加编审人员：李　强　李　东　贺建忠

王永萍　任佳林　杨振河

赵　军　杨德政　李金福

王金昌　彭兴军　常建华

张春雨　胡　敏　王学义

刘永革　陈　凯　王聚龙

邓　洪　韩志强　祝　曦

王建信　刘英奎　柳福增

责 任 编 审：邓　洪　韩志强

前　言

铁路防寒工作是铁路运输生产中的一项重要工作，而机车防寒安全过冬又是安全生产的主要组成部分。做好机务防寒安全过冬教育，是日常安全管理的重要措施之一。为进一步提高机务部门职工技术业务素质，满足学习和培训需要，我们根据现行规章制度、技术标准，结合机务防寒安全工作的实际和广大干部、职工多年来总结、积累的防寒过冬经验，组织编写了《铁路机车防寒安全读本》一书。

全书共分四章，主要内容包括：机车防寒工作总则、内燃机车防寒知识、电力机车防寒知识、冬季人身防寒措施及注意事项等四大部分。

本书采用章节形式编写，重点突出，通俗易懂。在编写中我们紧密结合机务系统工作特点，依据《铁路技术管理规程》、《机车操作规程》、《铁路机车运用管理规程》、北京铁路局企业标准《机车防寒》及各车型的技术文件、图纸、资料专业知识，参照铁道部、铁路局有关防寒工作的规定和要求，结合多年来北京铁路局机车冬季检修、运用经验和质量特点，着重阐述了机车防寒、作业人员防寒等方面的安全知识。

本书是铁路机务机车专业职工防寒过冬安全教育培训教材，亦可作为广大干部、职工自学用书。

本书由北京铁路局职工教育处、机务处组织编写。许秀杰任主编。其中 DF_4 型由贺建忠编写；DF_7 型由任佳栋编写；DF_{4D} 型由王永辉编写；SS_1、SS_4 改、SS_8、8G 型由杨振河编写；DF_{11}、DF_{11G} 型由赵军编写；DFH_5 型由杨德政编写；DF_{8B} 型由李金福编写；DF_{10} 型由王金昌编写编；SS_3 型由彭兴军编写；SS_9、HXD_{3C} 型由常建华编写；HXN_3 型张春雨编写；HXN_5 型由胡敏编写；8K 型由王学义编写；HXD_{2B} 型由刘永革编写；HXD_3 型由陈凯编写；HXD_{3B} 型由王聚龙编写。全书经修少鹏、曹元枫、李强、李东、邓洪、韩志强、祝曦、王建信、刘英奎、柳福增等集体审定。

由于机务系统使用的机车车型较多、车型间差异较大，本书不可能涵盖所有车型的防寒工作的方方面面，其中内容若有不妥之处，恳请广大读者斧正，以便日臻完善。

编　者

2012 年 10 月

目　录

第一章 机车防寒工作总则

一、防寒工作的重要性

铁路是国民经济的大动脉，铁路运输能否畅通无阻、安全正点，直接影响着国民经济的发展。机务工作是铁路运输的先行官，安全正点是每个机务工作者的神圣职责。冬季，由于气温较低，环境恶劣，季节性故障多发，既影响着机车质量，也威胁着运输生产的安全。因此，我们必须强化过冬防寒意识，加强防寒教育，做好过冬前的防寒准备工作，杜绝季节性惯性故障的发生，保证冬季运输任务的顺利完成。

二、机车防寒期和防寒整修时间

防寒期定为每年 11 月 15 日起至次年的 3 月 15 日止，但各地区可根据当地气温情况适当提前或缩短。

机车的防寒整修时间要求在 10 月底之前完成。为做好冬防工作，要根据机车的修程安排好冬防整修计划，保证冬防整修按时完成。

整修任务由机务段指定部门掌握进度，各专业技术人员指导，检修班组按整修计划整修，并做好记录。验收部门根据冬防整修内容要求，把好质量验收关，符合质量标准要求后方可发给“防寒合格证”。还要写出专题总结上报铁路局。

三、机车防寒组织机构

铁路局主管部门负责对机车防寒工作的监督、检查和指导。

机务段成立由段长任组长，总工程师、检修副段长、运用副段长任副组长，相关车间、部门负责人任组员的机车防寒工作领导小组，负责全段机车防寒工作的领导。机务段应制定机车防寒工作制度，包括机车防寒计划、实施、检查工作分工、责任划分与考核办法等事项，并报铁路局备案。

四、机车防寒教育

机务段在每年入冬前要组织专人对新职人员、机车打温人员进行脱产培训及考核，不合格者不得上岗。对有一定防寒经验的人员，也要利用业余时间进行防寒知识教育，以加强他们的防寒过冬意识，提高操纵水平和故障处理能力。要对全员进行过冬防寒考试，做到过好冬，为运输生产服务。

第二章　内燃机车防寒知识

一、做好过冬防寒的准备工作

1. 各机务段要配备并及时更换燃油和润滑油脂，并符合冬季用油标准。

2. 配齐并加挂防寒被和远心集尘器、油水分离器、通风口、总风缸排水阀等部位的防寒罩。

3. 准备好毡条、麻布条、铁丝、防腐漆或防腐油，指定专人对机车有关处所进行防寒包扎。

4. 配齐机车打温人员，轮乘制机务段，当机车回段，乘务员退勤前应与打温或地勤人员办理交接手续，确保油水温度符合运用规定。

二、打温人员应具备的条件及打温注意事项

1. 打温人员应具备的条件

（1）熟练掌握预热系统的使用方法。

（2）熟知机车油、水管路布置情况及各阀门的使用情况。

（3）掌握机车性能，会查找和处理一般故障。

（4）熟知防火、灭火措施，会使用机车灭火器。

（5）责任心强，过冬防寒知识、措施等培训考试合格。

2. 打温注意事项

（1）检查确认并做好机车防溜措施。

（2）启动柴油机前应检查机车各部正常，确认具备启机

条件。

（3）打温过程中，手柄位置不能过高，保持规定的油水温度，并检查柴油机及辅助装置的运转情况，保证状态良好。

（4）在柴油机启动状态下，禁止离开机车。

三、主要部件的防寒要求及注意事项

1. 柴油机部分

（1）禁止向柴油机补加冷水。补水温度不得低于 20 ℃，但也不宜过高，补水时应使柴油机空转，水位不宜过高，防止水箱水表溢水冻结。

（2）启动柴油机时，水温不得低于规定温度，水温过低时，应点燃预热系统或接入循环热水加温。

（3）柴油机加载时，水温不得低于规定温度。提高柴油机空转转数加温时，空转转数不宜过高，一般不超过 700 r/min。

（4）运行中，柴油机油、水温度应控制在规定范围内，停机时使油水温度降至 50～60 ℃，因修理或其他原因需放水时，油水温度应在 50～55 ℃方可进行。

（5）到达终点或入库前，应及时关闭百叶窗并放下防寒被进行保温，并及时与地勤或打温人员进行交接。

（6）遇气候环境恶劣时，应关闭空气滤清器百叶窗，改为内吸风。

（7）冬季长期停留的机车转入运用时，应拉到暖库内保温 24 h 以上，然后注入规定温度的油、水。

2. 电气部分

（1）机车进暖库时，应在牵引电机热态下进入，以免牵引电动机整流子表面缓霜。长时间停留机车进库时，应提高牵引电动机整流子表面温度后再进库，并彻底检查各电机，不得有缓霜或水珠。

（2）遇大风、雪、天气时，应及时将牵引电动机改为内通风，防止尘土、积雪等进入牵引电机内。

（3）长期停留机车投入运用前，应彻底检查各电机整流子表面保持干燥，发现有缓霜、水珠时应擦净吹干，然后投入运用。

（4）经常检查蓄电池密度、电压和液面高度；蓄电池充电后，密度应达到 1.27 g/mL，运用中应保持 1.26～1.27 g/mL，蓄电池单节电压不低于 1.85 V。当密度低于 1.23 g/mL 或容量低于额定容量的 25%时，必须充电。

四、机车管路的包扎方法

包扎机车管路时，先用毡条包扎缠紧，再将麻布条包扎在毡条上，然后用铁丝缠紧，铁丝间距 15～20 mm 一圈，每隔 10～15 圈打一防缓结，并涂上防腐漆或防腐油。

五、机车的防冻与解冻

1. 在冬季，机车长期停留或无动力回送时，为避免冻结，应彻底放水，所有进水阀，排水阀和排水堵全部打开，关闭门窗和百叶窗，挂好防寒被。

2. 在冬季，机车在途中发生故障不能继续运行时，应立即关闭门窗，挂好防寒被。柴油机能启动时，应使其空转或间断打温，以保持规定的油水温度。如柴油机不能启动，应点预热系统保温，预热系统不良时，应彻底放水，但需待水温降至规定温度下方可进行。

3. 机车已发生冻结时，应进行解冻。当机车某些部件和管路冻结时，可采用库内保温或热敷的方法进行解冻。遇冷却器部分单节或通路冻结时，可利用机械间暖风进行解冻，但在任何情况下，均不得用火烤的方法进行解冻，并且对解冻后的部件应进行全面检查。

六、防寒期机车运用注意事项

1. 发车前，应根据气温调整好百叶窗、防寒被开度，使柴油机油水温度符合规定。

2. 启动列车时，应根据线路和气候情况，适量撒砂，防止空转。

3. 途中停车检查机车时，应重点注意检查走行部状况，并及时排出总风缸及油水分离器的存水。

4. 运行中，关闭非操纵端司机室门窗并开放加热系统，确保司机室适当温度，以防空气制动系统发生冻结。

5. 施行制动停车时，应根据减压量和线路、气候等情况，适量撒砂，以防滑行。

第一节　DF_4型内燃机车防寒知识

一、防寒期前机车整修范围及要求

1. 入冬前机车检查整修处所

（1）机械间各百叶窗开关良好，关闭要严密。

（2）车体各部要严密，有漏孔应堵塞，司机室门窗、机械间各门窗及顶部孔盖等开关作用良好，关闭应严密。

（3）机车取暖设备（热风机、侧壁暖气）作用良好，无泄漏。

（4）检查大燃油箱、蓄电池箱、防寒隔热泡沫及外皮有无破损，损坏应及时修复。

（5）各放水阀、放油阀应畅通，关闭不严应检修。

2. 入冬前备齐

(1) 冷却间百叶窗防寒被。

(2) 司机室前通气孔防寒帘。

(3) 远心集尘器，油水分离器、总风缸排水阀的防寒套。

3. 入冬前应包扎处所（车体外部）

(1) 油底壳放油管、放油阀。

(2) 左右上水口水管。

(3) 燃油箱出油管和回油管。

(4) 总风缸出风管。

二、冬季运用机车注意事项

1. 柴油机的防寒注意事项

(1) 外温低于0 ℃时使用冬季柴油（－10号、－20号、－35号）。

(2) 向柴油机补水补油时，注意油水清洁，补水时水位不可过高，严禁补冷水。

(3) 冷却水温低于20 ℃时，禁止启动柴油机，应点预热炉，至规定温度方可启动。

(4) 启动柴油机应关闭百叶窗。水温达60 ℃或开车前可开启百叶窗。

(5) 冷却水、机油温度低于40 ℃，禁止加负荷单机走车；油水温度低于60 ℃禁止牵引列车，如温度不够，可提手柄空转加温。

(6) 运行中，水温应保持65～75 ℃，不够时应调整。

(7) 遇到暴风雨或下雪天气，应关闭空气滤清器的百叶窗，进气改为内吸风。

(8) 到达终点站或入库前应关闭百叶窗及各门窗，放下防寒被，注意保温。

(9) 正常停止柴油机，冷却水和滑油温度应在 50～60 ℃，停机后温度保持在 30～60 ℃。

(10) 柴油机因检修或其他原因需要放水时，在水温降到 50 ℃以下时进行。

2. 电器、制动、走行部

(1) 运用中对各风缸、油水分离器、远心集尘器应经常进行排水，防止冻结。

(2) 不能任意切除各电器保护装置，运行中确因误动作做为紧急处理时可切除。

(3) 经常检查蓄电池密度（冬季 1.26～1.27 g/mL)、电压和液面高度（高于极板 10～15 mm)，密度低于 1.23 g/mL或容量低于额定容量 25%后均应充电（使用免维护蓄电池除外)。

(4) 长时间停留的机车，在整备过程中应彻底检查牵引电动机，若有积雪或水珠，应先擦干净而后单机小电流走车，干后方准牵引列车，以防烧损电机。

(5) 冬季机车入暖库时，应在牵引电机热状态下进入，以免整流子及其他部分结水珠，如发现有水珠时，应用干燥清洁的布擦干净或用干燥的压缩空气吹净。

(6) 撒砂器的作用良好，砂子质量好，砂管应畅通，高度要符合要求，胶皮软管的长度不少于 25 mm。

(7) 制动机作用良好，机车制动缸鞲鞴行程应为 74～123 mm。

(8) 机车非操纵端司机室门窗应关闭，开暖气热风机。

三、机车入库长时间停留需打温时应注意做好下列工作

1. 彻底检查机车

(1) 柴油机、辅助、传动系统油水管路各止阀状态良

好，柴油机能正常启停，油水温度大于 60 ℃。

（2）机车门窗、百叶窗防寒被齐全，作用良好。

（3）机车外部各存油、水的污槽排水管的阀、堵应打开，将油水排净。

（4）做好机车防溜措施，关闭百叶窗及门窗。

2. 司机和打温人员办理防寒交接，认真填写交接班记录，重点记录柴油机启机、停机、控制电路及各保护装置状况。

3. 司机、副司机应在打温人员上车交接后，方准离开机车。

四、长期停留机车防冻

1. 长期停留和无火回送时应开放下列阀

（1）高低温水泵上水阀。

（2）高低温水泵预热阀。

（3）高低温散热器排气阀（高 1 个、低 2 个）。

（4）预热炉的排水排油阀。

（5）暖气来水阀、排水阀（来水阀 1 个、排水阀 1 个）、暖气回水阀、排水阀（回水阀 1 个、排水阀 1 个）。

（6）燃油预热器来水阀 1 个。

（7）机油热交换器水管及体排水阀各 1 个。

（8）静液压油热交换器水管排水阀 1 个。

（9）膨胀水箱水表止阀排水阀 4 个。

（10）两端司机室暖气排水阀各 4 个。

（11）空气稳压箱排油阀 1 个。

2. 拆下下列各排水阀、堵

（1）高低水泵堵各 1 个。

（2）预热炉水泵体堵 1 个。

(3) 中冷器输出端堵一个，出水管堵1个。

(4) 低温散热器连接管堵左右各1个。

(5) 前后增压器堵各1个。

(6) 高温水泵出水管堵1个（去左侧水管）。

(7) 燃油预热器体堵1个。

五、机车运用中各水阀的使用

1. 柴油机启动前应检查水箱，水位在2/3以上，最少不得少于30 mm。

2. 柴油机启动时开阀15、18、19排气到水排出时关闭。

3. 上水时，开上水管堵和阀12、13。

4. 排水时，开阀12、13、14、16、17、20。

5. 燃油预热时开阀21。

6. 取暖时开阀1、7，关闭2、3、4、5、6、8、9、10、11。

7. 机车止阀数量见表1。

表1　机车止阀数量表

	放水	放气	截止	止回
中冷	3	2		1
高温	1	1		1
预热	1		4	
上水			2	
暖气	9		2	
燃预			1	
合计	14	3	9	2

六、DF_4型内燃机车水系统管路图（见图1）

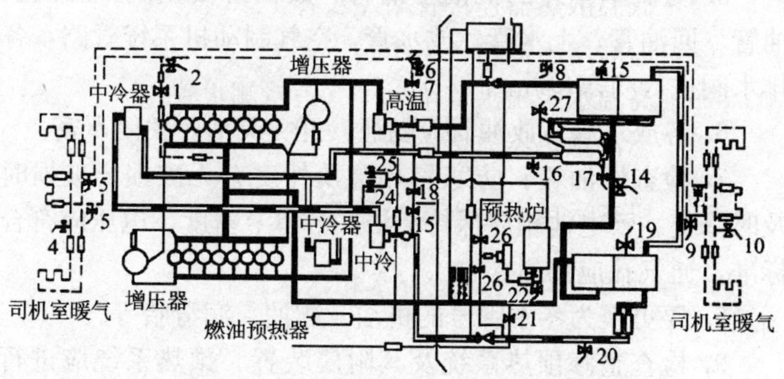

图1　DF_4 型内燃机车水系统管路图

思考题

1. 冬季司机室取暖时应开启和关闭哪些阀？并注意检查哪些部件？

2. 机车启动、走车，牵引列车的柴油机油、水温度要求各是多少？

3. 冬季机车百叶窗的使用时机？

第二节　DF_{4D}型内燃机车防寒知识

一、防寒期前机车整修范围及要求

1. 机械间各百叶窗及其传动装置作用良好，百叶窗关闭应严密。

2. 司机室、机械间各门窗及顶部各孔盖应完整、严密。

3. 机车取暖设备应良好。

4. 配齐并加挂冷却室防寒被及油水分离器、通风口的防寒罩、套。

5. 对机车体外的机油上油管、放油管及止阀，燃油上油管、回油管，上水管、放水管，空气制动机系统管路，各排水阀进行防寒包扎。

6. 各放水阀、放油阀应畅通，开关灵活，关闭严密。

7. 检查燃油箱、防寒隔热层及外皮有无破损，破损时及时修复。蓄电池箱应保持清洁，各单节密度、电压应符合标准，通气孔应畅通。

8. 要更换为冬季牌号的机油、燃油、润滑脂等。

9. 检查整修预热系统及其附属装置、预热系统应进行点火试验，保证工作性能良好。

二、DF_{4D}型内燃机车管路图及机车防寒处所的防寒措施及惯性故障的预防

1. 机车外露管路的包扎

(1) 先用毡条包缠管路。

(2) 用浸湿后的石棉布（带）包扎在管路毡层外部并包紧。

(3) 用铁丝每隔 10～20 mm 一圈，缠绕在石棉布（带）外部并缠紧，每隔 10～15 圈左右打一防缓结，并用克丝钳拧紧。

(4) 待干燥后涂上防腐漆或防腐油。

2. 对冬季运用机车柴油机的油水温度要求

(1) 油、水温度低于 20 ℃时，不得启动柴油机。

(2) 柴油机油、水温度低于 40 ℃时，禁止单机走车。

(3) 油、水温度低于 60 ℃时，不得加载。

(4) 机车运行中，柴油机油、水温度应保持在 65～85 ℃之间。

（5）柴油机停机温度应在 50～60 ℃之间，停机后温度保持在 30～60 ℃。

（6）柴油机因检修或其他原因需要放水时，在水温低至 50 ℃以下进行。

3. 机车柴油机及辅助系统冬季防寒要求

（1）禁止向柴油机补加冷水。补水温度不得低于 20 ℃，但也不宜过高，补水时最好使柴油机空转，水位不宜过高，防止溢水冻结。

（2）启动柴油机时，水温不得低于规定温度，水温过低时，应点燃预热系统或接入循环水加温。

（3）柴油机加载时，水温不得低于规定温度。提高柴油机空转转速加温时，空转转速不宜过高，一般不超过 700 r/min。

（4）运行中，柴油机油、水温度应控制在规定范围内，停机时使油水温度降至 50～60 ℃，因修理或其他原因需放水时，油、水温度应在 50 ℃以下方可进行。

（5）到达终点或入库前，应及时关闭百叶窗并放下防寒被进行保温，并应与地勤或打温人员进行交接。

（6）遇气候环境恶劣时，应及时关闭空气滤清器百叶窗，改为内吸风。

（7）冬季长期停留的机车转入运用时，应拉到暖库内保温 24 h 以上，然后注入规定温度的油、水。

4. 机车电气部分防寒要求

（1）机车进暖库时，应在牵引电机热态下进入，以免牵引电机整流子表面缓霜。长时间停留机车进库时，应提高牵引电机整流子表面温度后再进库，并彻底检查各电机，不得有缓霜或水珠。

（2）遇大风、雪天气时，应及时将牵引电动机改为内通风，防止尘土、积雪等进入牵引电机内。

(3) 长期停留机车投入运用前，应彻底检查各电机整流子表面，发现有缓霜、水珠时应擦净吹干，然后投入运用。

(4) 经常检查蓄电池密度、电压和液面高度；铅酸蓄电池电解液密度调至1.26～1.27 g/mL，通气孔应畅通（免维护蓄电池除外）。

5. 机车水系统管路图（见图2）

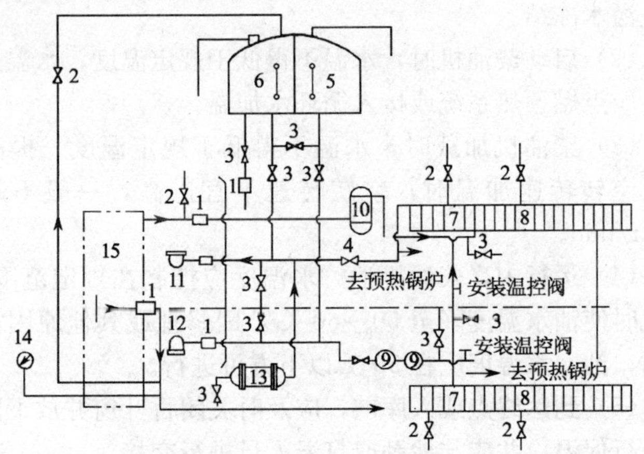

图2 DF_{4D}型内燃机车水系统管路图

1—软管；2—塞门；3—截止阀；4—逆止阀；
5—低温水箱；6—高温水箱；7—高温散热器；8—低温散热器；
9—静液压油交换器；10—机油热交换器；11—高温水泵；
12—低温水泵；13—燃油预热器；14—温度表；15—柴油机

预热水循环回路：在外界气温很低的严寒季节，机车冷却水温达不到柴油机启动所要求的温度时，必须先对冷却水进行加温，达到柴油机启动温度时，才能启动。

冷却水循环回路：预热系统水泵从高、低温冷却水系统逆止阀前吸收冷却水，打入预热系统加热后，从预热系统出口管路，分别进入高、低温冷却水系统水泵出口管路，然后水沿两个系统循环，分别加热柴油机、机油、燃油（必要时）后，再到预热系统。如此循环往复，使水流不断循环。

6. DF_{4D}型内燃机车预热系统

DF_{4D}型内燃机车预热系统主要由预热系统、燃油泵组、水泵组、风机组、喷油点火装置、油箱及电控设备等组成，见图 3。

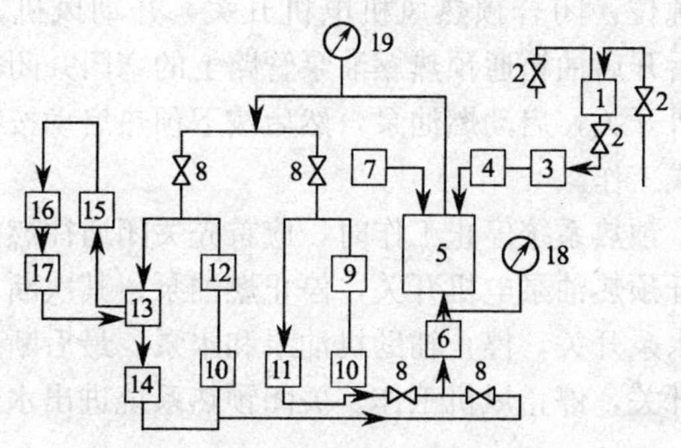

图 3 DF_{4D}型内燃机车预热系统

1—预热用燃油箱；2—塞门；3—燃油泵组；
4—喷油点火装置；5—预热系统；6—循环水泵；7—风机组；
8—截止阀；9—高温水泵；10—逆止阀；11—高温散热器；12—低温水泵；
13—机油热交换器；14—低温散热器；15—柴油机；16—辅助机油泵；
17—逆止阀；18—温度表；19—预热系统出口水压力表

7. 运用维护

（1）预热系统正式工作之前

① 首先检查预热系统燃油箱油位。如果油位低，则开启机车燃油输送泵及通往预热系统燃油箱管路上的塞门进行加油。当燃油箱顶上的油管中流出的全部是燃油时，则停止燃油输送泵并关闭上述塞门。

② 检查预热系统、机车油、水系统各部位状态，确认正常。

③ 开启机车冷却水系统通预热系统水泵管路上的截止阀，置预热系统电器控制于工作位。再按下述步骤进行预热工作的操作。

(2) 开启预热系统底下的排污阀，放净系统内的积水等污物，待无污灰等流出，关闭此阀。闭合预热系统控制柜内预热水泵电机和预热燃油泵电机自动开关，置动力方式开关于外电源位，闭合预热风机电机开关，开动风机，吹扫炉膛；最后开启油箱通预热燃油泵管路上的塞门并闭合预热燃油泵电机开关，启动燃油泵，然后按下预热启动按钮，开始点火正式工作。

(3) 预热系统停止工作时，应首先关闭通往燃油泵的塞门及断开预热油泵电机开关，停止燃油泵；其次断开预热机油泵和水泵开关，停止辅助机油泵和水泵；最后断开预热风机电机开关，停止风机工作。关闭预热系统进出水管上的各截止阀。

(4) 预热过程中应注意的事项：

① 预热系统点火工作时，若几次点火失败，应停止点火。拆下点火器进行检查，调整点火器电极间的距离后，再进行点火。

② 预热过程中，可根据柴油机油、水温度的升高情况，调整预热系统与机车高、低温水系统相通的各截止阀开度，使油、水温度均衡上升。

③ 预热过程中，若发现系统燃烧不良，可调节预热通风口开度，使之燃烧良好。

④ 预热过程中，注意观察预热及机车油、水系统仪表所显示的各系统温度。当预热系统进口水温或出口水温分别

达到 60 ℃和 80 ℃时，即可停止预热。当预热系统出口水温达到 80 ℃时，即停止向预热系统供燃油而熄火，其水温继电器自锁。

⑤ 预热系统如长期不用，必须排净系统内的积水及污物；机车运行中，必须关闭预热系统与机车燃油、冷却水系统中相通的各处截止阀和塞门。否则，容易造成预热系统水泵、燃油泵泄漏并影响机车各系统的正常工作。

三、机车的防冻措施及解冻方法

1. 在冬季、机车长期停留或无动力回送时，为避免冻结，应彻底放水，所有进水阀、排水阀和排水堵全部打开，关闭门窗和百叶窗，挂好防寒被。

2. 在冬季，机车在途中发生故障不能继续运行时，应立即关闭门窗，挂好防寒被。柴油机能启动时，应使其空转或间断打温，以保持规定的油、水温度，如柴油机不能启动，应点燃预热系统保温，预热系统不良时，应彻底放水，但需待水温降至规定温度后方可进行。

3. 机车已发生冻结时，应进行解冻。当机车某些部件和管路冻结时，可采用库内保温或采用热敷的方法进行解冻。在任何情况下，均不得用火烤的方法进行解冻。对解冻的部件应进行全面检查。

思考题

1. 为什么冬季机车前后司机室电加热器应全部开放？

2. 机车到达后应做好哪些防寒措施？

3. 运行中柴油机故障应采取哪些防冻措施？

第三节 DF_7型内燃机车防寒知识

一、防寒期前机车整修范围及要求

1. 司机室、取暖设备整修要求

（1）打开司机室地板检查热水胶管无老化、龟裂，检查各接头安装状态，各部位不得泄漏。

（2）检查司机室暖气安装与密封状态，试验暖气性能良好。

（3）检查热风机接线及安装状态，用 500 V 兆欧表测量热风机回路对地绝缘电阻符合段修规程要求，试验性能良好。

（4）检查取暖阀门处胶管无老化，连接紧固无泄漏，不良时更换。

2. 各门、窗及通气孔整修要求

（1）检查各门、窗部件齐全，密封条无老化、脱落，开、关灵活，关闭严密。

（2）检查冷却间百叶窗无破损，关闭严密，开、关灵活。

（3）加挂全部冷却间百叶窗防寒被。

3. 空气及油、水管路系统整修要求

检查部位：外观检查各空气及油、水管路固定及其接头密封状态；检查各塞门、排水阀应开关灵活，关闭严密。

包扎部位：油水分离器、远心集尘器；车体外的机油上、放油管及各塞门，燃油上、回油管，上、放水管；车体外的空气干燥器排泄管。

4. 燃油箱、蓄电池整修要求

（1）外观检查燃油箱、防寒隔热层及外皮有无破损，破损时及时修复；蓄电池箱状态良好并保持清洁；检查蓄电池箱盖应关闭严密。

（2）铅酸蓄电池电解液密度调至 1.26～1.27 g/mL，通气孔应畅通。

5. 预热系统整修要求

（1）检查预热系统状态；清扫烟囱及炉膛，清除油、灰尘。

（2）启动循环水泵，检查各管路、法兰无泄漏。

（3）点火试验良好。

6. 燃油预热器整修要求

检查、试验燃油预热器各部无泄漏，各油、水管路、阀门作用正常。

7. 空气压缩机、燃油、润滑油脂整修要求

（1）检查整修空气压缩机有无漏油处所。

（2）检查燃油及润滑油（脂）型号符合冬季要求。

8. 撒砂装置、扫石器、齿轮箱整修要求

（1）检查砂箱盖关闭严密；检查调整砂管高度、角度。

（2）试验调整撒砂量。

（3）扫石器按标准整修。

（4）整修牵引齿轮箱漏油及裂损处所。

9. 脚踏板整修要求

机车脚踏板缠绕麻绳紧密、无破损。

10. 空气干燥器整修要求

（1）外观检查空气干燥器各部状态良好；手动检查电空阀无卡滞。

（2）试验空气干燥器性能；检查各部无泄漏。

二、DF_7型内燃机车管路图及机车防寒处所的防寒措施及惯性故障的预防

1. DF_7型内燃机车水管路图见图 4。

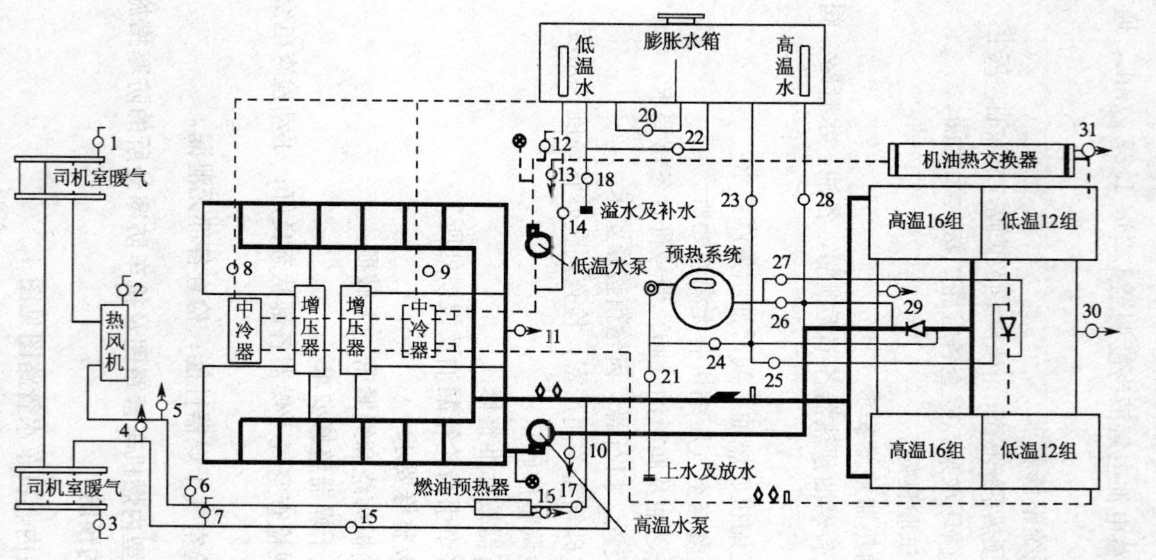

图4 DF_7型内燃机车水管路图

图例：

1. 中冷循环管路；2. 主循环管路；3. 温度继电器座；4. 温度传感器座；5. 止回阀；6. 放气阀门；

7. 上水接头；8. 温度计测试点；9. 水压表；10. 放气管路；11. 连通阀门；12. 放水阀门

2. 阀门作用见表 2（K 表示开、B 表示闭）。

表 2　阀门作用表

	运　转	上　水	放　水	采　暖	预　热
1	B	KB	K	KB	B
2	B	KB	K	KB	B
3	B	KB	K	KB	B
4	B	B	K	B	B
5	B	B	K	B	B
6	B	KB	K	KB	B
7	B	KB	K	KB	B
8	K	K	K	K	K
9	K	K	K	K	K
10	B	B	K	B	B
11	B	B	K	B	B
12	B	KB	B	B	B
13	B	B	K	B	B
14	K	K	K	K	B
15	B	K	K	B	B
16	B	K	K	B	B
17	B	K	K	B	B
18	B	K	B	B	B
19	B	K	B	B	B
20	B	K	K	B	B
21	B	K	K	B	B
22	B	K	K	B	B
23	B	K	K	B	K
24	B	K	K	B	K

续上表

	运　转	上　水	放　水	采　暖	预　热
25	B	K	K	B	K
26	B	K	K	B	K
27	B	K	K	B	K
28	K	K	K	K	B
29	B	B	K	B	B
30	B	B	K	B	B
31	B	B	K	B	B

3. 各水阀的使用：

（1）柴油机启动运转时开放 8、9、14 号阀（向低温水管路补水），28 号阀（向高温水管路补水），其他各阀关闭。

（2）司机室取暖和燃油预热时开放 15、17 号阀，1、2、3、6、7 号阀打开放气后关闭。

（3）高温水系统单独放水时关闭 28 号阀（切断高温补水），开放 21、24、10、29 号阀。

（4）低温水系统单独放水时关闭 14 号阀（切断低温补水），开放 13、30、31 号阀。

（5）司机室暖气单独放水时，关闭 15、17 号阀（切断高温来水和回水），开放 4、5 号阀，水位降低至侧壁暖气排气阀水平面时，再开放 1、2、3 号阀。

（6）预热时开放 24、25、26、27 号阀，其他阀关闭；若单独预热高温时则再关闭 25、27 号阀，只开放 24、26 号阀；若单独预热低温时则再关闭 26 号阀，只开放 24、25、27 号阀；预热系统防冻时开放 24、26 号阀。

（7）预热系统单独放水时关闭 24、25 号阀（切断预热系统来水），26、27 号阀（切断预热系统出水），开放 21 号阀和预热系统水泵放水堵。

4. 机车上的水堵名称：

（1）高温水泵排水堵。

（2）低温水泵排水堵。

（3）预热水泵排水堵。

（4）前中冷器排水堵。

（5）后中冷器排水堵。

思考题

1. 入冬前应对机车哪些部件进行防寒整修？

2. 柴油机油水温度过低时，启动前怎样对机车进行预热？

3. 防寒注意事项都包括哪些内容？

第四节 DF_{8B}型内燃机车防寒知识

一、防寒期前机车整修范围及要求

1. 入冬前机车检查整修处所

（1）机车冷却间各百叶窗及其传动装置的杠杆作用良好，百叶窗在关闭位时，应严密无缝隙。

（2）机车车体各部应严密。司机室、机械间、电气间、辅助间各门窗及车顶部孔盖密封条密封及开关作用应良好，关闭严密。

（3）机车取暖设备（空调、各部电取暖器、电热板及排水塞门电热圈）作用良好。

（4）机车各放水堵、放水阀、放油堵、放油阀应畅通，关闭时保证严密无滴漏。

（5）检查机车燃油箱、蓄电池箱防寒隔热泡沫有无破损，损坏应及时修复。

（6）检查预热系统控制箱及预热系统的工作状态应良好。

（7）检查燃油预热器状态，工作应正常。

（8）总风缸及油水分离器防寒排水阀、外部电热圈。

2. 入冬前应准备的机车防寒用品

入冬前应配齐下列防寒被、防寒套，如有破损应及时补充。

（1）电气室、动力室、冷却间百叶窗防寒被。

（2）总风缸排水阀防寒套。

（3）前后列车管折角塞门防寒套。

3. 入冬前机车应包扎的处所

入冬前应对机车上所有防寒包扎处所进行检查，破损不良处所应重新包扎，确保状态良好。

（1）车架下部上、排水管及上、排油管及排污管进行防寒包扎。

（2）车架上部辅助室内全部水管、预热系统管道及车架下部的风源净化装置排污管进行防寒包扎。

（3）车体下部总风管路中各塞门及有关部件的排水阀。

（4）前后列车管及折角塞门。

（5）燃油箱出油管和回油管。

（6）油底壳放油阀及管。

（7）总风缸各风管。

4. 防寒包扎方法及注意事项

（1）准备工具及材料

（2）克丝钳、细钢丝、毡条、石棉布（麻袋片）。

（3）包扎方法

① 先用毡条包缠管路。

② 用石棉布（麻袋片）压边包扎在管路毡层外部并包紧。

③ 用铁丝以间距 10～20 mm 左右一圈，每缠绕 15 圈左右打一防缓结。然后涂上防腐油或防腐漆。

5. 机车上水及放水时各阀的使用

(1) 机车上水时

① 打开上水阀。

② 开放高、低温系统上（排）水阀 2 个。

(2) 机车放水时

① 开放高、低温系统上（排）水阀。

② 开放高温散热器联络管排水阀。

③ 开放中冷水管放水阀（机油热交换器前）。

④ 开放机油热交换器排水阀。

⑤ 开放中冷水管放水阀。

⑥ 机体排水阀 2 个。

二、冬季运用机车注意事项

1. 柴油机的防寒注意事项

(1) 外温低于 0 ℃时使用冬季柴油（—10 号、—20 号、—35 号）。

(2) 向柴油机补水补油时，注意油水清洁，补水时水位不可太高，严禁补冷水。

(3) 冷却水温低于 20 ℃时，禁止启动柴油机，应点预热炉，至规定温度方可启动。

(4) 启动柴油机应关闭百叶窗。水温达 60 ℃或开车前可开启百叶窗。

(5) 冷却水机油温度低于 40 ℃，禁止开启机车；水与油温低于 60 ℃禁止牵引列车，如温度不够，可提手柄空转加温。

（6）运行中，水温应保持 70～80 ℃，不够时应调整。

（7）遇到暴风雨或下雪天气，应关闭空气滤清气的百叶窗，进气改为内吸风位。

（8）到达终点站或入库前应关闭百叶窗及各门窗，放下防寒被注意保温。

（9）正常停机，冷却水和滑油温度应在 50～60 ℃，停机后温度保持在 30～60 ℃。

（10）柴油机因检修或其他原因需要放水时，在水温降到 50 ℃以下时进行。

2. 电器制动、走行部

（1）运用中对各风缸、油水分离器、远心集尘器应经常进行排水，防止冻结。

（2）不能任意停止各电器保护装置，运行中确因故障作为紧急处理时可停用。

（3）经常检查蓄电池密度（冬季 1.25～1.27 g/mL），电解液液面高度（高于极板 10～15 mm）。密度低于 1.23 g/mL或容量低于额定容量 25%后均应充电（免维护蓄电池除外）。

（4）长时间停留的机车，在整备过程中应彻底检查牵引电动机，若有积雪或水珠，应先擦干净后方准牵引列车，以防烧损电机。

（5）冬季机车入暖库时，应在牵引电机热状态下进入，以免整流子及其他部分结水珠，如发现有水珠时，应用干燥清洁的布擦干净或用干燥的压缩空气吹净。

（6）撒砂器的作用良好，砂子质量好，砂管应畅通，高度要符合要求，带皮软管的不少于 25 mm。

（7）制动机作用良好，单元制动器作用良好，闸瓦间隙、厚度符合标准。

(8) 机车非操纵端司机室门窗应关闭，开暖气热风机。

三、机车入库长时间停留需打温时应注意做好下列工作

1. 彻底检查机车

(1) 柴油机、辅助、传动系统油水管路各止阀状态良好，柴油机能正常启停，油水温度大于 60 ℃。

(2) 机车门窗、百叶窗防寒被齐全，作用良好。

(3) 机车外部各存油、水的污槽排水管的阀、堵应打开，将油水排净。

(4) 做好机车防溜措施，关闭百叶窗及门窗。

2. 司机和打温人员办理防寒交接，认真填写交接班记录，重点记录柴油机启动、停机、控制电路及各保护装置状况。

3. 司机、副司机应在打温人员上车交接后，方准离开机车。

四、机车长时停留或无动力回送，为防止冻结应打开的阀和堵

长期停留和无火回送时，应打开下列各阀、堵：

1. 打开高、低温水泵堵各 1 个，中冷器排水堵 4 个。

2. 打开下列各阀：

(1) 冷却间：高、低温单节排气阀 4 个；机油热交换器放水阀 1 个；预热炉进、出水管止阀各 2 个；高、低温水管放水阀各 1 个；低温散热单节联络阀各 1 个；放水阀 2 个。

(2) 辅助间：预热炉水泵进、出水管放水阀 2 个；预热炉排污阀、放水阀 1 个。

(3) 动力间：机车上（排）水阀 2 个；增压器排气阀 2

个；排水阀 1 个（输出端）；稳压箱排污阀 1 个；燃油预热器进水管止阀 1 个，排气阀 1 个；水表止阀 2 个；排污阀 1 个。

五、启动预热炉

1. 启动前的准备工作

（1）打开预热系统下部排污阀，放掉炉内积存污物关闭放污阀。

（2）打开高、低温预热止阀（4 个）。

（3）检查预热系统各部状态良好。

2. 启动程序

（1）将控制电源箱总电源开关置于“交流”或“直流”位，水泵、辅助机油泵投入运转。

（2）将燃油开关置开位，燃油泵工作。

（3）将鼓风机开关置开位，鼓风机工作。

（4）将电磁阀开关置开位。

（5）按下点火开关。

3. 注意事项

（1）每次按下启动按钮，时间不超过 5 s，如连续点火未成，应找出故障，处理后再启动。

（2）预热中机油与冷却水温不平衡时，用高、低温预热止阀调节。

（3）燃烧状态不良时可调节风机进风口。

4. 预热系统停炉

（1）将电磁阀开关置关位。

（2）将燃油开关置关位。

（3）将风机开关置关位。

（4）将总电源开关置“0”位。

（5）关闭高、低温预热止阀。

（6）打开排污阀，排除污物后再关闭。

（7）长期停用时，应打开放水阀，放掉炉内存水。

5. DF_{8B}型内燃机车阀、堵数量（见表3）

表3　DF_{8B}型内燃机车阀、堵数量表

分　类	放水阀	堵（A）	排气阀	截止阀	止回阀
中　冷	4（A）				
预　热	2	水泵2		4	
上　水					2
柴油机	6			水泵2	
燃　预	1		1	1	
高、低温	4	2（A）	4	4	
合　计	15	6（A）	5	4	2

6. DF_{8B}型内燃机车预热系统（见图5）

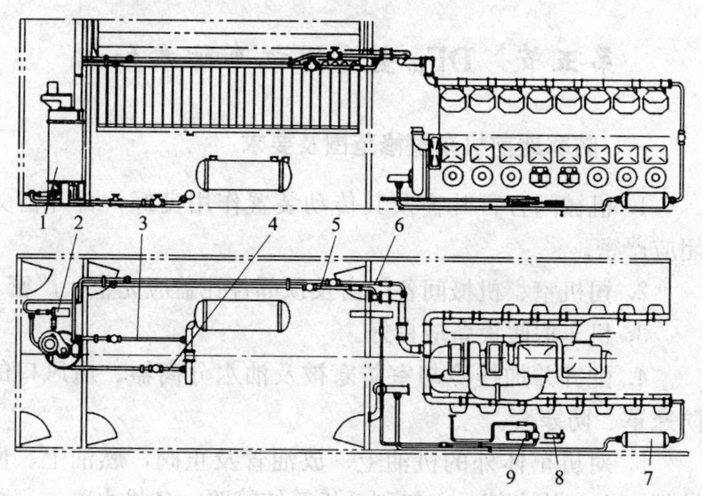

图5　DF_{8B}型内燃机车预热系统

7. DF_{8B}型内燃机车预热系统水循环回路见图 6。

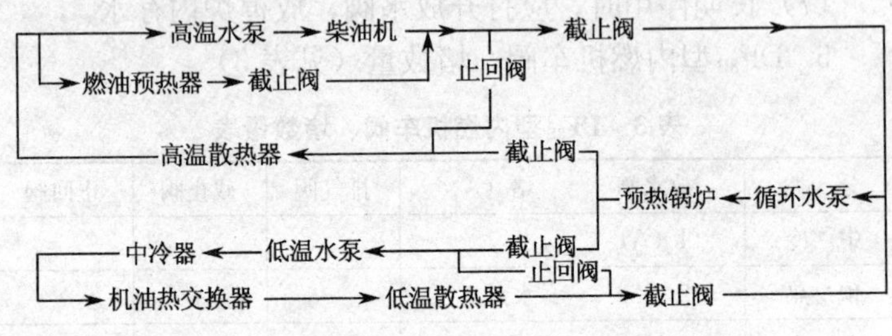

图 6　DF_{8B}型内燃机车预热系统水循环回路

思考题

1. 柴油机在防寒期应遵守哪些温度的规定？

2. 机车入库长时间停留需打温时应注意做好哪些工作？

3. 在防寒期对电器制动、走行部有何要求？

第五节　DF_{10}型内燃机车防寒知识

一、防寒期前机车整修范围及要求

1. 机械间各百叶窗及其传动装置作用良好，百叶窗关闭应严密。

2. 司机室、机械间各门窗及顶部各孔盖应完整、严密。

3. 机车取暖设备应良好。

4. 配齐并加挂冷却室防寒被及油水分离器、通风口的防寒罩、防寒套。

5. 对机车体外的机油上、放油管及止阀，燃油上、回油管，上、放水管，空气制动机系统管路，各排水阀进行防寒包扎。

6. 各放水阀、放油阀应畅通，开关灵活，关闭严密。

7. 检查燃油箱、防寒隔热层及外皮有无破损，破损时及时修复。蓄电池箱应保持清洁、各单节密度、电压应符合标准，通气孔应畅通。

8. 要更换为冬季牌号的机油、燃油、润滑脂等。

9. 检查整修预热系统及其附属装置、预热系统应进行点火试验，保证工作性能良好。

二、防寒有关规定及要求

1. 机车外露管路的包扎

（1）先用毡条包缠管路。

（2）用浸湿后的石棉布（带）包扎在管路毡层外部并包紧。

（3）用铁丝每距 20～30 mm 一圈，缠绕在石棉布（带）外部并缠紧。每隔 10 圈左右打一防缓结，并用克丝钳拧紧。

（4）待干燥后涂上黑油漆或沥青。

2. 对冬季运用机车柴油机的油水温度要求

（1）油、水温度低于 20 ℃时，不得启动柴油机。

（2）柴油机油、水温度低于 40 ℃时，禁止单机走车。

（3）柴油机油、水温度低于 60 ℃时，不得牵引列车。

（4）机车运行中，柴油机油、水温度应保持在 65～85 ℃之间。

（5）柴油机停机温度应在 50～60 ℃之间，停机后温度保持在 30～60 ℃。

（6）柴油机因检修或其他原因需要放水时，在水温低至 50 ℃以下进行。

3. 机车柴油机及辅助系统冬季防寒要求

（1）禁止向柴油机补加冷水。补水温度不得低于 20 ℃，但也不宜过高；补水时最好使柴油机空转，水位不宜过高，防止溢水冻结。

（2）启动柴油机时，水温不得低于规定温度；水温过低时，应点燃预热系统或接入循环水加温。

（3）柴油机加载时，水温不得低于规定温度。提高柴油机空转转数加温时，空转转数不宜过高，一般不超过 700 r/min。

（4）运行中，柴油机油、水温度应控制在规定范围内，停机时使油水温度降至 50～60 ℃，因修理或其他原因需放水时，油、水温度应在 50 ℃以下方可进行。

（5）到达终点或入库前，应及时关闭百叶窗并放下防寒被进行保温，并应与地勤或打温人员进行交接。

（6）遇气候环境恶劣时，应及时关闭空气滤清器百叶窗，改为内吸风。

（7）冬季长期停留的机车转入运用时，应拉到暖库内保温 24 h 以上，然后注入规定温度的油、水。

4. 机车电气部分防寒要求

（1）机车进暖库时，应在牵引电机热态下进入，以免牵引电机整流子表面缓霜。长时间停留机车进库时，应提高牵引电机整流子表面温度后再进库，并彻底检查各电机，不得有缓霜或水珠。

（2）遇大风、雪天气时，应及时将牵引电动机改为内通风，防止尘土、积雪等进入牵引电机内。

（3）长期停留机车投入运用前，应彻底检查各电机整流子表面，发现有缓霜、水珠时应擦净吹干，然后投入运用。

（4）经常检查蓄电池密度、电压和液面高度；铅酸蓄电池电解液密度调至 1.26～1.27 g/mL，通气孔应畅通（阀控蓄电池除外)。

5. DF_{10}型内燃机车水系统管路图(见图7)

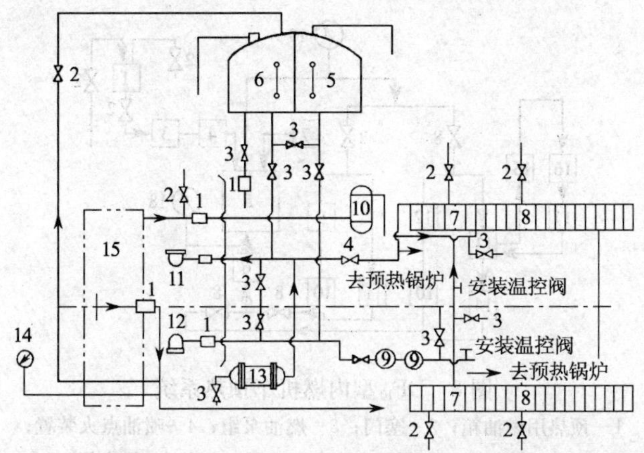

图7 DF_{10}型内燃机车水系统管路图

1—软管;2—塞门;3—截止阀;4—逆止阀;5—低温水箱;6—高温水箱;7—高温散热器;8—低温散热器;9—静液压油交换器;10—机油热交换器;11—高温水泵;12—低温水泵;13—燃油预热器;14—温度表;15—柴油机

预热水循环回路:当外界气温很低的严寒季节,机车冷却水温达不到柴油机启动所要求的温度时,必须先对冷却水进行加温,达到柴油机启动温度时,才能启动。

冷却水循环回路:预热系统水泵从高、低温冷却水系统逆止阀前吸收冷却水,打入预热系统加热后,从预热系统出口管路,分别进入高、低温冷却水系统水泵出口管路,然后水沿两个系统循环,分别加热柴油机、机油、燃油(必要时)后,再到预热系统。如此循环往复,使水流不断循环。

6. DF_{10}型内燃机车预热系统

DF_{10}型内燃机车预热系统主要由预热系统、燃油泵组、水泵组、风机组、喷油点火装置、油箱及电控设备等组成，见图 8。

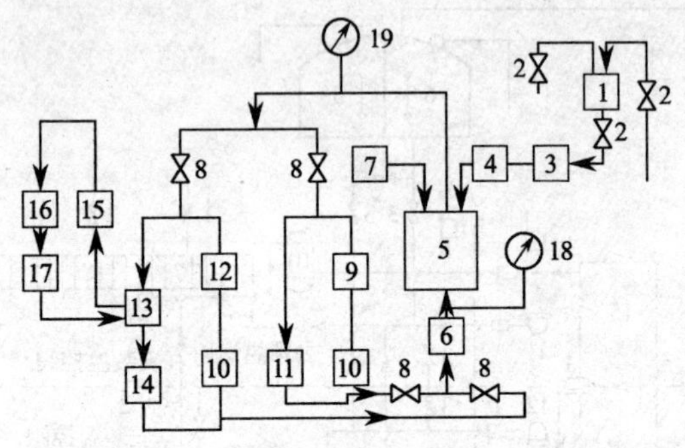

图 8　DF_{10}型内燃机车预热系统

1—预热用燃油箱；2—塞门；3—燃油泵组；4—喷油点火装置；5—预热系统；6—循环水泵；7—风机组；8—截止阀；9—高温水泵；10—逆止阀；11—高温散热器；12—低温水泵；13—机油热交换器；14—低温散热器；15—柴油机；16—辅助机油泵；17—逆止阀；18—温度表；19—预热系统出口水压力表

7. 运用维护

（1）预热系统正式工作之前

① 检查预热系统燃油箱油位。如果油位低，则开启机车燃油输送泵及通往预热系统燃油箱管路上的塞门进行加油。当燃油箱顶上的油管中流出的全部是燃油时，则停止燃油输送泵并关闭上述塞门。

② 检查预热系统、机车油、水系统各部位状态，确认正常。

③ 开启机车冷却水系统通预热系统水泵管路上的截止阀，置预热系统电器控制于工作位。

（2）开启预热系统底下的排污阀，放净系统内的积水等污物，待无污物等流出，关闭此阀。闭合预热系统控制柜内预热水泵电机和预热燃油泵电机自动开关，置动力方式开关于外电源位，闭合预热风机电机开关，开动风机，吹扫炉膛。最后开启油箱通预热燃油泵管路上的塞门并闭合预热燃油泵电机开关，启动燃油泵，然后按下预热启动按钮，开始点火正式工作。

（3）预热系统停止工作时，应首先关闭通往燃油泵的塞门及断开预热油泵电机开关，停止燃油泵；其次断开预热机油泵和水泵开关，停止辅助机油泵和水泵；最后断开预热风机电机开关，停止风机工作。关闭预热系统进出水管上的各截止阀。

（4）预热过程中应注意的事项

① 预热系统点火工作时，若几次点火失败，应停止点火。拆下点火器进行检查，调整点火器电极间的距离后，再进行点火。

② 预热过程中，可根据柴油机油、水温度的升高情况，调整预热系统与机车高、低温水系统相通的各截止阀开度，使油、水温度均衡上升。

③ 预热过程中，若发现系统燃烧不良，可调节预热通风口开度，使之燃烧良好。

④ 预热过程中，注意观察预热及机车油、水系统仪表所显示的各系统温度。当预热系统进口水温度或出水口水温度分别达到 60 ℃和 80 ℃时，即可停止预热。当预热系统出口水温达到80 ℃时，即停止向预热系统供燃油而熄火，其水温继电器自锁。

⑤ 预热系统如长期不用，必须排净系统内的积水及污物；机车运行中，必须关闭预热系统与机车燃油、冷却水系统中相通的各处截止阀和塞门。否则，容易造成预热系统水泵、燃油泵泄漏并影响机车各系统的正常工作。

三、机车的防冻措施及解冻方法

1. 在冬季、机车长期停留或无动力回送时，为避免冻结，应彻底放水，所有进水阀、排水阀和排水堵全部打开，关闭门窗和百叶窗，挂好防寒被。

2. 在冬季，机车在途中发生故障不能继续运行时，应立即关闭门窗（特别是冷却间采用非自动百叶窗的机车），挂好防寒被。柴油机能启动时，应使其空转或间断打温，以保持规定的油、水温度，如柴油机不能启动，应点燃预热系统保温，预热系统不良时，应彻底放水，但需待水温降至规定温度后方可进行。

3. 机车已发生冻结时，应进行解冻。当机车某些部件和管路冻结时，可采用库内保温或采用热水、热气的方法进行解冻。在任何情况下，均不得用火烤的方法进行解冻。对解冻的部件应进行全面检查。

思考题

1. DF_{10} 型内燃机车冬季油水温度有何要求？

2. DF_{10} 型内燃机车预热系统的组成？

3. 机车的防冻措施及解冻方法？

第六节　DF_{11} 型内燃机车防寒知识

一、防寒期前机车整修范围及要求

1. 入冬前机车检查整修处所

（1）机械间各百叶窗开关良好，关闭要严密。

（2）车体各部要严密，有漏孔应堵塞，司机室门窗、机械间各门窗及顶部孔盖等开关作用良好，关闭应严密。

（3）机车取暖设备（热风机、侧壁暖气）作用良好。

（4）检查大燃油箱、蓄电池箱、防寒隔热泡沫及外皮有无破损，损坏应及时修复。

（5）各放水阀、放油阀应畅通，关闭不严应检修。

（6）干燥器作用良好。

2. 入冬前备齐

（1）冷却间百叶窗防寒被。

（2）油水分离器、总风缸排水阀的防寒套。

3. 入冬前应包扎处所（车体外部）

（1）油底壳放油管。

（2）上水口水管。

（3）燃油箱出油管。

（4）总风缸出风管。

二、冬季运用机车注意事项

1. 柴油机的防寒注意事项

（1）外温低于0 ℃时使用冬季柴油（—10号、—20号、—35号）。

（2）向柴油机补水补油时，注意油水清洁，补水时水位不可过高，严禁补冷水。

（3）冷却水温低于20 ℃时，禁止启动柴油机，应点预热炉，至规定温度方可启动。

（4）启动柴油机应关闭百叶窗。水温达60 ℃或开车前可开启百叶窗。

（5）冷却水、机油温度低于40 ℃，禁止加负荷单机走车；水与油温低于60 ℃禁止牵引列车，如温度不够，可提手柄空转加温。

（6）运行中，水温应保持 65～75 ℃，不够时应调整。

（7）遇到暴风雨或下雪天气，应关闭空气滤清气的百叶窗，进气改为内吸风位。

（8）到达终点站或入库前应关闭百叶窗及各门窗，放下防寒被注意保温。

（9）正常停止柴油机，冷却水和滑油温度应在 50～60 ℃，停机后温度保持在 30～60 ℃。

（10）柴油机因检修或其他原因需要放水时，在水温降到 50 ℃以下时进行。

2. 电器制动、走行部

（1）运用中对各风缸、油水分离器应经常进行排水，防止冻结。

（2）不能任意切除各电器保护装置，运行中确因误动作作为紧急处理时可切除。

（3）经常检查蓄电池密度（冬季 1.26～1.27 g/mL）、电压和液面高度（高于极板 10～15 mm），密度低于 1.23 g/mL或容量低于额定容量 25%后均应充电（免维护蓄电池除外）。

（4）长时间停留的机车，在整备过程中应彻底检查牵引电动机，若有积雪或水珠，应先擦干净而后单机小电流走车，干后方准牵引列车，以防烧损电机。

（5）冬季机车入暖库时，应在牵引电机热状态下进入，以免整流子及其他部分结水珠，如发现有水珠时，应用干燥清洁的布擦干净或用干燥的压缩空气吹净。

（6）撒砂器的作用良好，砂子质量好，砂管应畅通，高度要符合要求，胶皮软管的长度不少于 25 mm。

（7）制动机作用良好。

（8）机车非操纵端司机室门窗应关闭，开暖气热风机。

三、机车入库长时间停留需打温时应注意做好下列工作

1. 应彻底检查机车

（1）柴油机、辅助、传动系统油水管路各止阀状态良好，柴油机能正常启停，油水温度大于 60 ℃。

（2）机车门窗、百叶窗防寒被齐全，作用良好。

（3）机车外部各存油、水的污槽排水管的阀、堵应打开，将油水排净。

（4）做好机车防溜措施，关闭百叶窗及门窗。

2. 司机和打温人员办理防寒交接，认真填写交接班记录，重点记录柴油机启机、停机、控制电路及各保护装置状况。

3. 司机、副司机应在打温人员上车交接后，方准离开机车。

四、长期停留机车防冻

1. 长期停留和无火回送时应开放下列阀

（1）高低温散热器排气阀 6 个。

（2）预热炉的排水排污阀。

（3）燃油预热器来水阀 1 个。

（4）补、排水阀 2 个。

（5）8、16 缸处放水阀。

（6）前后增压器排气阀。

（7）高温散热器排水阀 1 个，低温散热器排水阀 2 个。

（8）膨胀水箱水表止阀排水阀 3 个。

（9）空气稳压箱排油阀 1 个。

（10）预热炉高低温进出水阀 4 个。

2. 拆下下列各排水阀、堵

（1）高低水泵堵各 1 个。

（2）预热炉水泵体堵 1 个。

（3）中冷器堵 2 个。

（4）高低温水泵出水管堵各 2 个。

（5）高低温散热器连接管堵各 1 个。

（6）燃油预热器体堵 1 个。

（7）低温出水总管堵 2 个。

五、机车运用中各水阀的使用

1. 柴油机启动前应检查水箱，水位在 2/3 以上，最少不得少于 30 mm。

2. 柴油机启动时开前后增压器排气阀、高低温散热器排气阀（6 个）排气到水排出时关闭。

3. 上水时，开上水管堵和补、排水阀（2 个）。

4. 排水时，开上水管堵和补、排水阀（2 个），开前后增压器排气阀、高低温散热器排气阀（6 个）排气到水排出时关闭。

5. 燃油预热时开燃油预热器来水阀（1 个）。

六、DF_{11} 型内燃机车水系统管路图

DF_{11} 型内燃机车水系统管路图见图 9。

思考题

1. DF_{11} 型内燃机车冬季油水温度有何要求？

2. DF_{11} 型内燃机车预热系统的组成？

3. 机车的防冻措施及解冻方法？

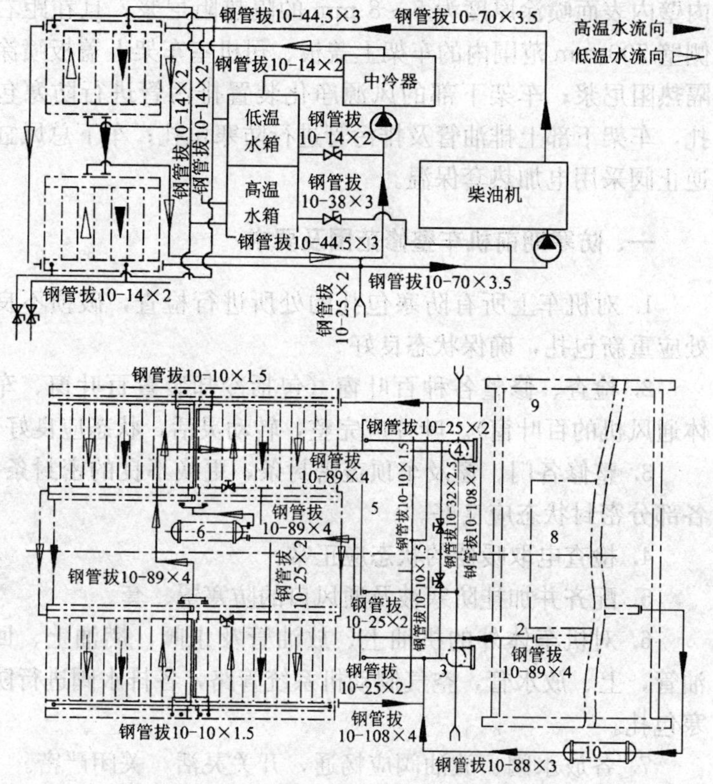

图9 DF_{11}型内燃机车水系统管路图

1—柴油机出水管（高温）；2—中冷出水管（低温）；
3—高温水泵；4—低温水泵；5—膨胀水箱；
7—冷却装置；8—中冷器；9—柴油机；10—燃油预热器

第七节 DF_{11G}型内燃机车防寒知识

为了保证机车在冬季周围空气低于－10 ℃地区能正常运行，DF_{11G}型内燃机车采取了一系列防寒措施：车体各室内壁内表面喷涂厚度为 5～8 mm 的隔热阻尼浆，且在距右侧壁 700 mm 范围内的车架上盖板、司机室车架上盖板喷涂隔热阻尼浆；车架下部的风源净化装置排污管进行防寒包扎，车架下部上排油管及排污管进行防寒包扎；车下总风缸逆止阀采用电加热套保温。

一、防寒期前机车整修范围及要求

1. 对机车上所有防寒包扎的处所进行检查，破损不良处应重新包扎，确保状态良好。

2. 检查、修整各种百叶窗（包括冷却装置百叶窗、车体通风机的百叶窗）。叶片应完整，转动灵活，状态应良好。

3. 整修各门、窗及车顶盖密封条，更换不良的密封条，各部分密封状态应良好。

4. 检查电取暖器的状态应正常。

5. 配齐并加挂防寒被及通风口的防寒罩、套。

6. 对机车体外的机油上、放油管及止阀，燃油上、回油管，上、放水管，空气制动机系统管路，各排水阀进行防寒包扎。

7. 各放水阀、放油阀应畅通，开关灵活，关闭严密。

8. 检查燃油箱、防寒隔热层及外皮有无破损，破损时及时修复。蓄电池箱应保持清洁，各单节密度、电压应符合标准，通气孔应畅通。

9. 要更换为冬季牌号的机油、燃油、润滑脂等。

10. 检查燃油预热器状态，工作应正常。

11. 检查、清洗冷却室小百叶窗滤网，滤网应清洁、完好。

12. 将主发上部排风筒上的滤网盖板拆下，防止冬季运行时，动力室负压过大。

13. 列车供电辅助柴油发电机组更换防冻液。

二、DF_{11G}型内燃机车管路图及机车防寒处所的防寒措施及惯性故障的预防

1. 机车外露管路的包扎

（1）先用毡条包缠管路。

（2）用浸湿后的石棉布（带）包扎在管路毡层外部并包紧。

（3）用铁丝每隔 15～20 mm 一圈，缠绕在石棉布（带）外部并缠紧。每隔 10～15 圈左右打一防缓结，并用克丝钳拧紧。

（4）待干燥后涂上防腐漆或防腐油。

2. 对冬季运用机车柴油机的油水温度要求

（1）机油、水温度低于 20 ℃时，不得启动柴油机。

（2）柴油机油、水温度低于 40 ℃时，禁止单机走车。

（3）油、水温度低于 60 ℃时，不得加载试验。

（4）机车运行中，柴油机油、水温度应保持在 65～85 ℃之间。

（5）柴油机停机温度应在 50～60 ℃之间，停机后温度保持在 30～60 ℃。

（6）柴油机因检修或其他原因需要放水时，在水温低至 50 ℃以下进行。

3. 机车柴油机及辅助系统冬季防寒要求

应特别注意列车供电辅助柴油发电机组的打温。

（1）禁止向柴油机补加冷水。补水温度不得低于 20 ℃，但也不宜过高：补水时最好使柴油机空转，水位不宜过高，防止溢水冻结。

（2）启动柴油机时，水温不得低于规定温度；水温过低

时，应放水后，加入规定温度的水。

（3）柴油机加载时，水温不得低于规定温度。提高柴油机空转转速加温时，空转转速不宜过高，一般不超过700 r/min。

（4）运行中，柴油机油、水温度应控制在规定范围内，停机时使油水温度降至 50～60 ℃，因修理或其他原因需放水时，油、水温度应在 50 ℃以下方可进行。

（5）到达终点或入库前，应及时关闭百叶窗并放下防寒被进行保温，并应与地勤或打温人员进行交接。

（6）遇气候环境恶劣时，应及时关闭空气滤清器百叶窗，改为内吸风。

（7）冬季长期停留的机车转入运用时，应拉到暖库内保温 24 h 以上，然后注入规定温度的油、水。

4. 机车电气部分防寒要求

（1）机车进暖库时，应在牵引电机热态下进入，以免牵引电机整流子表面结霜。长时间停留机车进库时，应提高牵引电机整流子表面温度后再进库，并彻底检查各电机，不得有缓霜或水珠。

（2）遇大风、雪天气时，应及时将牵引电动机改为内通风，防止尘土、积雪等进入牵引电机内。

（3）长期停留机车投入运用前，应彻底检查各电机整流子表面，发现有缓霜、水珠时应擦净吹干，然后投入运用。

（4）经常检查蓄电池密度、电压和液面高度；铅酸蓄电池电解液密度调至 1.26～1.27 g/mL，通气孔应畅通（免维护蓄电池除外）。

5. DF_{11G}型内燃机车水系统管路图（见图 10）

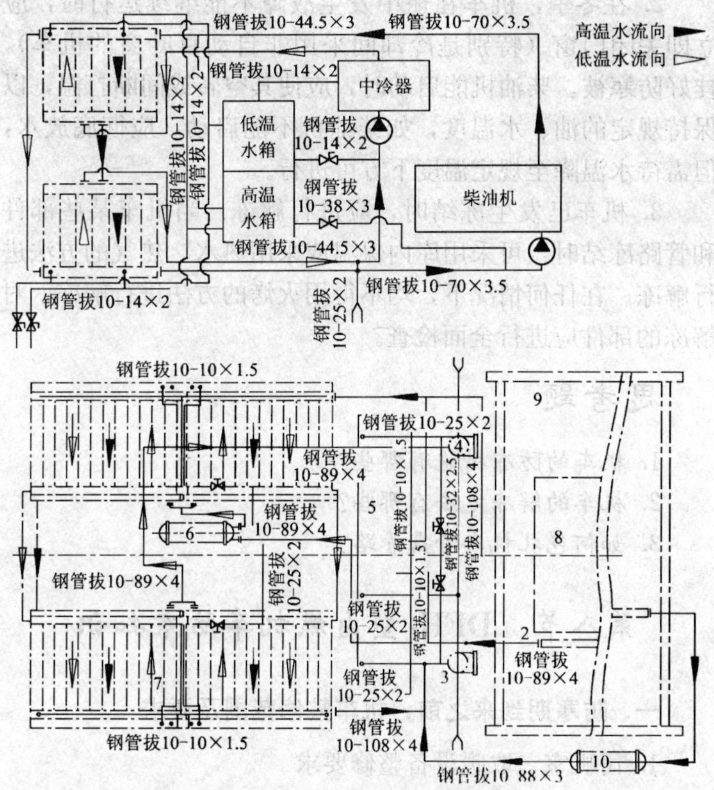

图 10 DF_{11G}型内燃机车水系统管路图

1—柴油机出水管（高温）；2—中冷出水管（低温）；3—高温水泵；4—低温水泵；5—膨胀水箱；7—冷却装置；8—中冷器；9—柴油机；10—燃油预热器

三、机车的防冻措施及解冻方法

1. 在冬季、机车长期停留或无动力回送时，为避免冻结，应彻底放水，所有进水阀、排水阀和排水堵全部打开，关闭门窗和百叶窗，挂好防寒被。

2. 在冬季，机车在途中发生故障不能继续运行时，应立即关闭门窗（特别是冷却间采用非自动百叶窗的机车），挂好防寒被。柴油机能启动时，应使其空转或间断打温，以保持规定的油、水温度，如柴油机不能启动，应彻底放水，但需待水温降至规定温度下方可进行。

3. 机车已发生冻结时，应进行解冻。当机车某些部件和管路冻结时，可采用库内保温或采用热水、热气的方法进行解冻。在任何情况下，均不得用火烤的方法进行解冻。对解冻的部件应进行全面检查。

思考题

1. 机车的防冻措施有哪些？
2. 机车的解冻方法有哪些？
3. 如何包扎机车外露管路？

第八节　DFH_5型内燃机车防寒知识

一、防寒期到来之前，机车整修范围及要求

1. 司机室、取暖设备整修要求

（1）打开司机室地板检查热水胶管无老化、龟裂，检查各接头安装状态，各部位不得泄漏。

（2）检查司机室暖气安装与密封状态，试验暖气性能良好。

（3）检查热风机接线及安装状态，用500 V兆欧表测量热风机回路对地绝缘电阻符合段修规程要求，试验性能良好。

（4）检查取暖阀门处胶管无老化，连接紧固无泄漏，不良时更换。

2. 各门、窗及通气孔整修要求

（1）检查各门、窗部件齐全，密封条无老化、脱落，开、关灵活，关闭严密。

（2）检查冷却间百叶窗无破损，关闭严密，开、关灵活。

（3）加挂全部冷却间百叶窗防寒被。

3. 空气及油、水管路系统整修要求

检查部位：外观检查各空气及油、水管路固定及其接头密封状态；检查各塞门、排水阀应开关灵活，关闭严密。

包扎部位：油水分离器、远心集尘器；车体外的机油上、放油管及各塞门，燃油上、回油管，上、放水管；车体外的空气干燥器排泄管。

4. 燃油箱、蓄电池整修要求

（1）外观检查燃油箱、防寒隔热层及外皮有无破损，破损时及时修复。蓄电池箱状态良好并保持清洁；检查蓄电池箱盖应关闭严密。

（2）铅酸蓄电池电解液密度调至1.26～1.27 g/mL，通气孔应畅通（免维护蓄电池除外）。

5. 预热系统整修要求

（1）检查预热系统状态；清扫烟囱及炉膛，清除油、灰尘。

（2）启动循环水泵，检查各管路、法兰无泄漏。

（3）点火试验良好。

6. 燃油预热器整修要求

检查、试验燃油预热器各部无泄漏，各油、水管路；阀门作用正常。

7. 空气压缩机、燃油、润滑油脂整修要求

（1）检查整修空气压缩机有无漏油处所。

（2）检查燃油及润滑油（脂）型号符合冬季要求。

8. 撒砂装置、扫石器、齿轮箱整修要求

（1）检查砂箱盖关闭严密；检查调整砂管高度、角度。

（2）试验调整撒砂量。

（3）扫石器按标准整修。

（4）整修牵引齿轮箱漏油及裂损处所。

9. 脚踏板整修要求

机车脚踏板缠绕麻绳紧密、无破损。

二、机车冷却水系统工作原理

DFH_5型内燃机车水系统由冷却和加热两个系统组成，该水系统工作原理见图 11。

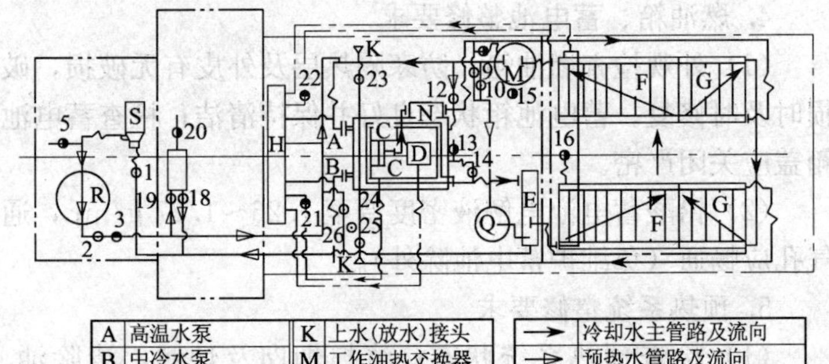

A	高温水泵	K	上水(放水)接头
B	中冷水泵	M	工作油热交换器
C	中冷器	N	机油热交换器
D	增压器	Q	燃油加热器
E	水温传感器筒	S	预热水泵
F	高温散热器18组	R	预热锅炉
G	中冷散热器10组	T	热风机
H	膨胀水箱		

→	冷却水主管路及流向
⇾	预热水管路及流向
→	上水(补水)管路及流向
→	气管及走向
～	软管
⊙	截止阀　12个
◑	放水阀　5个
●	放气阀　4个

图 11　DFH_5型内燃机车水系统原理图

1. 冷却系统

冷却系统由水—空气散热器、水—油热交换器、冷却风扇及顶、侧百叶窗、水管路等部件组成。冷却系统分为高温和中冷两个循环回路。

（1）高温循环回路

高温水泵 A [柴油机机体 / 增压器 D] →水温传感器筒 E→高温散热器 18 节 F→液力工作油热交换器 M→高温水泵 A。

（2）中冷循环回路

中冷水泵 B→中冷器 C→机油热交换器 N→中冷散热器 10 节 G→中冷水泵 B。

2. 加热系统

加热系统是为满足 12 V180 ZJ 型柴油机的冷却水温需加热到 40 ℃以上方可启动的要求，以及冬季机车在无取暖设备的库房或室外较长时间停放时，为防止水系统的水冻结而设置的。其主要设备为预热系统。加热时，打开阀 1、2，加热完毕后，关闭阀 1、2。

加热系统共分五个回路：

（1）主循环加热回路：为了满足柴油机冷却水温度大于 40 ℃才能启动的要求。

阀 1→预热水泵 S→预热系统 R→阀 2→

[高温水泵 A→柴油机 / 液力工作油热交换器 M / 高温散热器 18 节] →水温传感器筒 E→阀 1。

（2）次循环加热回路：在寒冷季节需加热中冷回路时，打开阀 9 和 24。

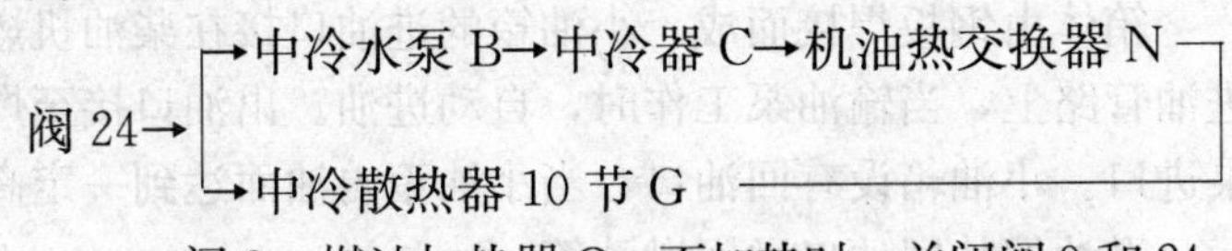

→阀 9→燃油加热器 Q。不加热时，关闭阀 9 和 24。

（3）燃油加热回路：当需对燃油加热时，打开阀 10。阀 10→燃油加热器 Q。不加热时，关闭阀 10。

（4）油底壳机油加热回路：需加热时，打开阀 12 和 14。阀 12→油底壳加热器→阀 14。不加热时，关闭阀 12 和 14。

（5）司机室取暖回路：需取暖时打开阀 18 和 19。阀 19→热风机 T→阀 18。不取暖时，关闭阀 18 和 19。

（289 号车以后，司机室增加侧壁取暖装置。需要用时，应打开相应的阀门。）

3. 预热系统

预热系统为直立水管式燃油系统，安装在机车司机室内。

预热系统主要由炉体、风机、点火及燃烧装置等组成。燃油泵电机组、水泵机组及预热系统小油箱分别安装在系统附近。

（1）燃油泵电机组

其作用是供给预热系统燃烧用燃油。燃油泵是由直流电动机直接驱动的齿轮油泵，它从预热系统小油箱（0161 号车以前无副油箱）抽取燃油，经柴油滤清器向预热系统喷嘴供油。

（2）水泵机组

循环水泵是离心式泵，由电机直接驱动，转速为 3 000 r/min 时，流量不小于 8 m^3/h，压力为 0.0 981 MPa。

（3）预热系统小油箱

箱体由钢板焊接而成。小油箱的进油口接在柴油机燃油进油管路上，当输油泵工作时，自动进油。出油口接至燃油泵进口。小油箱设有回油口，当小油箱内油面达到一定高度后，燃油即从回油口溢回燃油箱。

(4) 预热系统操作程序

① 根据需要预热的部位，按上述说明，将有关阀门打开或关闭。

② 关闭预热系统底部污油管阀门。

③ 接通电源（可用机车蓄电池组或外电源）后启动。

④ 预热达到要求温度后，先停止燃油泵工作，再断开控制箱上所有开关。这样可以防止未剩余燃油沾附在管壁上而引起积炭，影响系统传热效率。

(5) 预热系统一般故障及其处理

① 系统点不着火。其表现有二：一是喷嘴雾化不良或不喷油，需拆开喷嘴清洗检查；二是点火装置失效，可检查点火工作状态，按下点火按钮，查看两电极间有无火花，若无火花或火花很小，可检查点火线圈和接头、检查点火电极瓷管、检查电极端头间隙。

② 燃烧不良冒黑烟时，主要原因为雾化不良或吸风口被堵，或其他原因造成送风量不足，可检查、清扫吸风口风道。

③ 燃油压力达不到正常压力要求。应检查齿轮油泵及电机有无损坏；电机的转向是否正确；油泵吸油管各处接头（包括滤清器）是否严密；柴油滤清器过脏或有无堵塞；预热系统小油箱是否缺油。

(6) 长期停车时，预热系统的处理

① 排尽系统内积水、积油。

② 卸下喷油嘴。

(7) 预热系统的维护要求

① 每运用 50 h 后，检查系统喷嘴和点火电极，用软刷子和汽油擦洗喷嘴，并检查喷嘴与点火电极位置是否正确。

② 视实际情况，打开下部排油管塞门放去积油。

③ 每运用一个中检期需清洗预热系统柴油滤清器，并检查喷嘴状况，如有损坏应及时更换。

④ 烟道可用压缩空气吹扫，拆下检查孔盖清除积炭，提高系统传热效率。

4. 冷却风扇

冷却风扇是八个扭曲叶片的轴流式整体铸铝风扇，通过风扇万向轴经法兰由液力传动箱上的耦合器驱动。冷却风扇的转动和停止，受柴油机高温冷却水温由温度继电器自动控制，当温度继电器失灵时，还可用手动控制冷却风扇开关。

冷却风扇组装后，需进行静平衡试验，其不平衡力矩允差 0.012 8 N·m（130 gf·cm）。

5. 散热器

采用水—空气热交换形式的散热单节。28 个散热单节呈 V 形排列安装在散热器安装架上，其中高温回路用 18 个单节，中冷回路用 10 个单节。

每个散热单节在联结箱焊接前后均需进行 0.490 5 MPa（5 kgf/cm^2）的水压试验，延续 5 min 不得泄漏。

散热片与散热管的焊接应牢固，散热片撞坏和脱焊，将影响气流通过，降低传热系数，故应经常检查。

当散热器上沾染过多尘埃时，将大大降低传热效果，因而必须定期进行扫除。

6. 膨胀水箱

膨胀水箱位于机车动力室顶部，起蓄水、补水和放气作用。在膨胀水箱顶部还装有压力调节阀，使水系统成闭式回路。为保证该阀有足够的开度，阀盖不宜过紧。

7. 水系统的使用和维护

(1) 上水

机车两侧均设有上水接头，可在任意一侧上水，上水步骤如下：

① 关闭放水阀 5、13、15、16、17。

② 打开上水阀 1、2、24、25（23）、26 及排气阀 21、22。

③ 打开阀 3，见水时关闭。

④ 将不上水一侧的阀门 23（25）关闭，再将压力水源接在上水一侧的接头上，便可上水。

⑤ 膨胀水箱水位表显示水满，即应切断水源，停止上水。

⑥ 上水速度不宜过快，以便使管道内空气充分排尽。

⑦ 上水完毕，应关闭上水阀 1、2、24、26 及排气阀 21、22。

（2）柴油机启动前准备

按柴油机启动对水温的要求，对冷却水进行加热至 40 ℃以上，然后启动柴油机。

（3）机车运行

机车在运行时，除上水阀门 23、25 应打开外，其余各水阀及排气阀应全部关闭。在寒冷地区运行时，更应注意打开上水阀门 23、25，将机车车架下部管路中的水放掉，以防冻裂。

（4）放水

当机车长期停运或封存时，应打开全部水阀 5、9、13、15、16、17、18、19、23、24、25、26 等，将整个水系统的水放尽，再用压缩空气把管中水吹干净。在寒冷地区更要特别注意，以防冻坏部件和管路。

（5）维护要求

① 水—空气散热器每运用 3～4 个月，用压缩空气喷扫积炭。如管片式散热器的散热片有压皱或碰弯，可用镊子

修正。

② 水—油热交换器首次运用一个中检期后，需外观检查热交换的密封性，以后每运用 1 年清洗一次，更换 O 形密封圈，并进行油腔 1.177 2 MPa（12 kgf/cm^2）、水腔 0.588 6 MPa（6 kgf/cm^2）的水压试验，历时 10 min 不得泄漏。

8. 机车上的水堵名称

（1）高温水泵排水堵。

（2）低温水泵排水堵。

（3）预热水泵排水堵。

（4）中冷器排水堵。

思考题

1. 入冬前应对机车哪些部件进行防寒整修？

2. 机车上水时应确认多少个阀门？各阀门应置于什么位置？

3. 柴油机油水温度过低时，启动前怎样对机车进行预热？

第九节 HXN_3 型内燃机车防寒知识

一、防寒期前机车整修范围及要求

1. 司机室取暖设备

（1）司机室电暖气安装牢固，接线紧固，接线无断股。

（2）各组电暖气性能试验良好。

2. 各门、窗及通气孔

（1）检查各门、窗部件齐全，密封条无老化、脱落，开、关灵活，关闭严密。

（2）检查冷却间百叶窗无破损，开、关灵活，关闭严密，控制装置作用良好。

（3）检查电热玻璃及其接线状态，电热玻璃通电试验合格。

3. 燃油热交换器

检查试验燃油热交换器安装螺栓紧固良好无松缓，支架无裂纹。端盖无松缓。

4. 空气干燥器

（1）检查风源净化装置干燥塔及安装螺栓紧固无松缓，风源净化装置各电气插头及接线良好。

（2）检查空气干燥器湿度计的颜色是否正常（应为蓝色）。

5. 总风缸

（1）检查总风缸自动排污阀的工作，确定加热器工作正常。

（2）检查自动排污阀是否工作正常。

（3）自动排水装置作用良好。

6. 空气及油水、管路

（1）外观检查各空气及油水管路固定可靠，接头无泄漏，检查各塞门、阀开关灵活，关闭严密。

（2）检查车体内部通向车体下部各管路与地板间无缝隙，否则用相关材料填充密封。

7. 燃油、润滑油、脂

按冬季要求使用燃油、润滑油及油脂。

8. 撒砂装置、扫石器、齿轮箱

（1）检查砂箱盖关闭严密，滤网无损坏，使用该车型专用砂，检查调整砂管高度、角度。

（2）试验、调整撒砂量。

（3）检查扫石器安装座、安装支架无裂纹，各部螺栓无松缓，各部尺寸符合要求，胶管无破损。

（4）整修齿轮箱漏油及裂损处所。

9. 防寒包扎

（1）前后列车管（从折角塞门到司机室地板下部管路）。

（2）地沟裸露的污油排污阀。

（3）地沟裸露的自动排水管路。

二、冬季运用机车注意事项

1. 柴油机机油油位的检查

（1）HXN_3 型机车机油油位应在柴油机惰转（325 r/min）状态下进行检查。

（2）HXN_3 型机车柴油机油位应在满油位（FULL）和低油位（LOW）之间，为保证柴油机的可靠润滑，出库机车机油油位应保持在中间位到满油位（FULL）之间，但不得超过满油位。

2. 柴油机冷却水的检查（见图 12）

冷却水水位的检查按水箱水表标定的停机水位和运转水位刻线标准；启机状态下，出库机车不得低于标定水位的 2/3，站接机车不得低于标定水位的 1/2。

3. 机车用砂的检查（见图 13）

出库机车砂箱内应为满砂位，同时查看滤网状态。

4. HXN_3 型机车运用中柴油机油、水温度规定

（1）柴油机冷却水正常温度为 76～82 ℃。

（2）柴油机进口润滑油温度为 85～90 ℃。

（3）当冷却水温度低于 49 ℃时，功率将被限制在第 2 手柄位。

（4）当冷却水温度低于 71 ℃时，功率将被限制在第 5 手柄位。

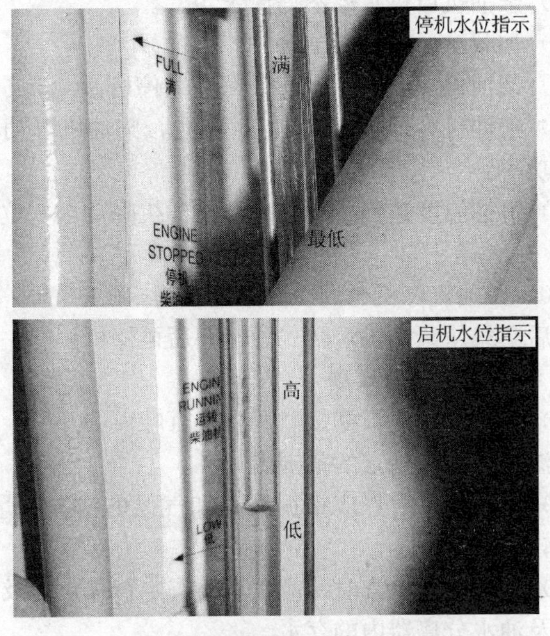

图 12　柴油机冷却水的检查

图 13　机车用砂检查

（5）柴油机启机水温不得低于 4 ℃。

（6）加载水温不得低于 49 ℃。

（7）柴油机油温达到 123.9 ℃卸载停机。

（8）柴油机冷却水温达到 96 ℃时，柴油机降功至 6 位手柄的功率。

（9）滑油温度达到 101 ℃时，柴油机降功至 6 位手柄的功率。

（10）柴油机停机时的冷却水温度为 50～60 ℃，加载运行结束后空载使柴油机运转一段时间后再停机。

5. 冬季操纵注意事项

（1）发车前，应根据气温调整好百叶窗的开度，使柴油机油水温度保持在规定的范围内。

（2）启动列车时，应根据线路和气候的情况适量撒砂，防止空转。

（3）途中停车检查时，应重点检查走行部，并及时排出总风缸及油水分离器内的存水。

（4）运行中，关闭非操纵端司机室门窗并打开电热器，以防空气制动系统等发生冻结。

（5）施行制动停车时，应根据减压量，线路和气候等情况适量撒砂，以防滑行。

三、HXN_3 型机车防冻措施

1. HXN_3 型机车柴油机彻底放水方法

HXN_3 型机车在冬季运用中，因柴油机故障不能运转或起不来机时，为了防止柴油机冻结，应及时对故障柴油机进行放水。

（1）放水时，将设在柴油机自由端左下方的排水阀打开即可将柴油机体内的冷却水排出；放完水后，应将放水阀一

直置于开放的位置。见图 14。

图 14　手动排水阀

（2）卸下膨胀水箱减压阀减小背压，防止管路余水冻结。见图 15。

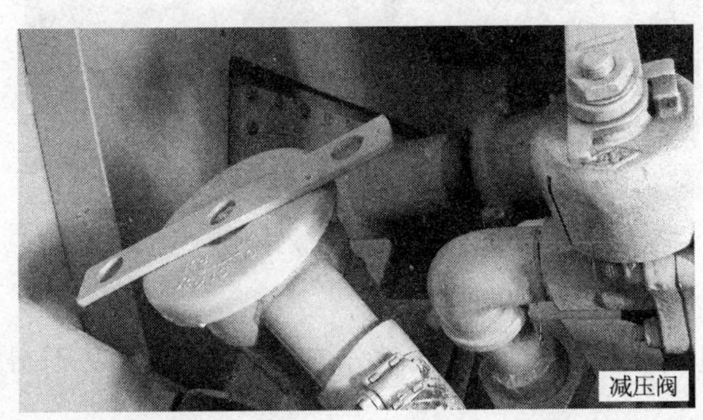

图 15　减压阀

（3）卸下中冷器回水管下部的连通管，打开中冷器端部的排水堵及两组中冷器连接胶管。见图 16。

（4）部分机车中冷器加装放水堵，应打开中冷器放水堵进行放水（位置在 8、16 缸中冷器端盖处）。

（5）131 号以上机车高低温水泵下方加装放水堵，放水时要卸下进行放水。

图 16　回水软管

2. 柴油机彻底放水的要求

（1）柴油机进行彻底放水前，冷却水温度不得超过 55 ℃。

（2）柴油机放水时，拆下的丝堵、限压阀及钢编水管接头，注意保存，便于彻底放水后进行恢复。

（3）HXN_3 型机车在日常维护保养时，要不定期的将污油箱排污阀打开进行排污；修程机车交车时，须将污油箱排污阀打开进行排污。

四、机车长时间停留需打温时应注意做好下列工作

1. 打温前做好机车防溜工作，打好铁鞋，自阀在抑制位、单阀在制动位。

2. 打温机车启机前，应检查确认油水位在要求范围内，确认百叶窗电磁阀处于关闭位。

3. 打温时每 30 min 对前、后室进行制动机试验一次，防止冻结。

4. HXN_3 型机车打温时应断开 1、2 室主发励磁滑动开关，开启机车监控器，关闭司机室、冷却间、动力间、空气间、制动间及电器间各门，启动柴油机后将两端司机室隔离开关置于运转位，操纵端换向手柄中立位，闭合柴油机运转开关，使用低温自动升速进行打温，换向手柄必须保持中立位，严禁自负载打温。

5. 打温时应调出机车数据中的“自动启动”数据查看柴油机温度。

6. HXN_3 型机车打温停机要求：

（1）柴油机温度（Eng Tmp）大于 70 ℃。

（2）蓄电池电压（Batt V）大于 72 V。

（3）启动风缸风压（SR Pres）大于 750 kPa。

（4）蓄电池充电电流（Fil BCA）小于 30 A。

（5）外界环境温度高于零下 30 ℃。

符合上述的全部条件，首先断开排水断路器，然后停止柴油机，保留电脑控制断路器、电动滑油泵断路器，确保增压器后润滑，按规定顺序断开其他断路器，断开蓄电池闸刀开关。

7. 因 HXN_3 型机车冷却间保温条件极差，根据天气情况适时打温。

8. 在柴油机运转中，不得擅自离开机车，认真遵守各项规章制度。

五、冷却水系统原理图（见图 17）

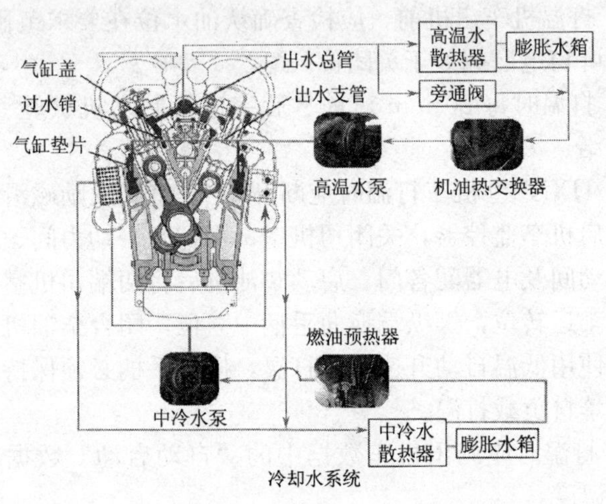

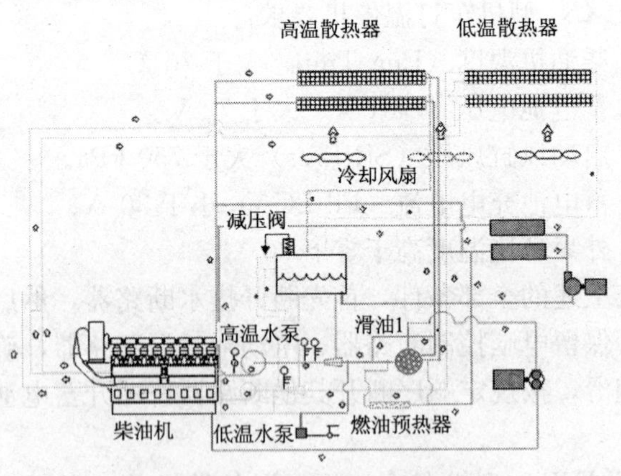

图 17　冷却水系统原理图

思考题

1. HXN_3 型内燃机车运用中对柴油机油、水温度有何规定？

2. HXN_3 型内燃机车对打温停机有何要求？

3. HXN_3 型机车长时间停留需打温时应注意做好哪些工作？

第十节　HXN_5 型内燃机车防寒知识

一、防寒期前机车整修范围及要求

1. 制动部分防寒项点

（1）EPCU 制动柜加装电加热防寒被。

（2）风笛电控阀加装电加热防寒套。

（3）紧急放风阀电磁阀加装电加热防寒套。

（4）总风缸安全阀管系加装保温管。

（5）总风缸进风管加装电伴热及保温管。

（6）1 号总风缸压力传感器 1/2 风管弯头需包扎。见图 18。

2. 辅助部分防寒项点

（1）燃油箱油表管加装保温管。

（2）燃油箱外体防寒。

（3）风泵间排水阀及管路加装保温管。

（4）排污箱管路加装保温管。

（5）两侧燃油箱体至油表处燃油管需要包扎。见图 19。

3. 制动部分机车整修项点

（1）空压机自动排水阀检查作用及加热状态。

（2）风源干燥器检查试验作用状态。

图 18　包扎弯头

图 19　包扎燃油管

（3）风源干燥器自动排水阀检查试验作用及加热状态。

（4）总风缸自动排水阀加热器检查试验作用及加热状态。

（5）空压机侧自动排水阀及水管需要包扎。

4. 走行部分整修项点

（1）齿轮箱检查密封状态、安装状态。

（2）轮轨润滑装置检查作用状态、安装状态。

5. 辅助部分整修项点

（1）司机室门锁检查整修。

（2）燃油箱回油管冬夏阀转换为冬季位置。

（3）冬夏门转换为冬季位置。

二、冬季运用机车注意事项

1. 燃油回油转换阀置于冬季位，转换方法见图 20。

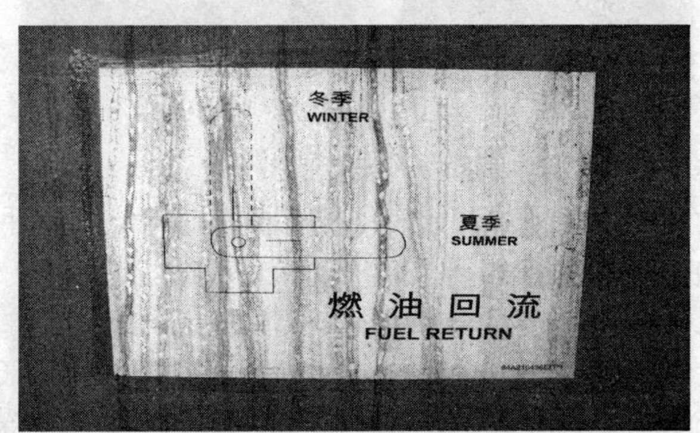

(a) 柴油机间门上指示图

(b) 夏季位

图 20

(c) 冬季位

图 20　燃油回油转换阀

2. 散热器间自动排水阀（带手动截止阀），要将手动阀置于开放位。见图 21。

3. 纳污箱需要结合每次机车入库进行开放排放。

4. 必须确保总风缸自动排水阀处于自动位，当气温降至 0 ℃以下时，日常要对总风缸自动排水阀、空气干燥器自动排水阀以手触摸的方式检查加热功能是否良好见图 22。

5. 在防寒期间，停止对洗水间水箱上水，禁止使用冲洗卫生间。

6. 机车上水后，必须先将柴油机间内排水阀关闭，待排水阀至上水口间管路内存水放净后，方可安装上水堵，以防止管路冻裂。

7. 水箱水位必须严格控制在停机时水表可见水位，严禁过量上水而造成散热器冻裂。

8. 排空刮雨器储水罐。

9. 打开两个总风缸自动排水阀、总风缸安全阀下方放风塞门、空滤过滤器下方手动排水阀、EPCU 模块总风缸过滤器排水阀，彻底排放压缩空气管路内可能存在的冷凝水。

(a) 开放位

(b) 关闭位(全关位时散热器室门关不上)

图 21　散热器间自动排水阀

10. 确认空气压缩机气水分离器下部的自动排水阀工作状态良好。

图 22

11. HXN_5 型机车运用中对柴油机油、水温度的规定

(1) 子冷却器 1 进口水温 72.8 ℃。

(2) 子冷却器 2 进口水温 64.4 ℃。

(3) 子冷却器 1 出口水温 64.4 ℃。

(4) 子冷却器 2 出口水温 48.9 ℃。

(5) 运行中柴油机水温达到 110 ℃，柴油机降功率。

(6) 运行中柴油机水温达到 115.6 ℃，柴油机怠速运行。

(7) 运行中柴油机进口温度达到 91 ℃，降低可用功率。

三、HXN_5 机车防冻措施

1. HXN_5 型机车放水操作方法

(1) 柴油机放水阀开放，在柴油机间冷却水泵旁的地板上有 1 个放水阀，如需放水将此阀打开。见图 23。

(2) HXN_5 型机车冷却水箱水表侧有一个限压阀（见图 24），柴油机放水时须将此阀处于打开位，使冷却水箱与大气接通，便于加快放水速度。

图 23　柴油机放水阀

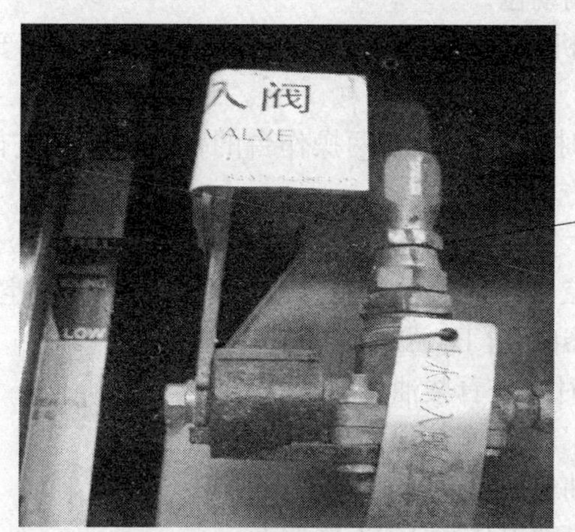

图 24　限压阀

（3）将机车上所有的排气阀、放水阀的捆绑铁丝拆除，手动将各阀处于打开位置。

（4）将机车上所有的排气堵、放水堵全部拆除并妥善保管。

(5) 将各阀打开后检查小水箱水位，再次按照规定的阀及堵进行确认，以免遗漏。

2. HXN_5 型机车放水具体要求

(1) 柴油机进行彻底放水前，冷却水温度不得超过 55 ℃。

(2) 柴油机放水后，拆下的丝堵、限压阀及钢编水管接头，注意保存。

(3) 如乘务员放水时发现某阀锈蚀无法打开可将此阀拆除，待该车回段后提报信息。

四、机车长时间停留需打温时应注意做好下列工作

1. 打温前做好机车防溜工作，打好铁鞋，自阀在抑制位、单闸在制动位。

2. 打温机车启机前，应检查确认好油水位在要求范围内。

3. 打温时每 30 min 对两操作台的自阀、单阀进行制动试验一次，防止冻结。

4. HXN_5 型机车打温时应断开主、副台主发励磁开关，开启机车监控器，关闭司机室、冷却间、动力间、空气间、制动间及电器间各门，严禁自负载打温。

5. 打温时应查看柴油机温度。

6. HXN_5 型机车打温停机要求：

(1) 柴油机温度高于 70 ℃。

(2) 蓄电池电压大于 72 V。

(3) 蓄电池充电电流小于 30 A。

(4) 外界环境温度高于零下 30 ℃。

符合上述的全部条件，停止柴油机，按规定顺序断开断路器，断开蓄电池闸刀。

7. 因 HXN_5 型机车冷却间保温条件极差，根据天气情

况适时打温。

8. 在柴油机运转中，不得擅自离开机车，认真遵守各项规章制度。

五、HXN_5 型机车冷却水系统原理图（见图 25）

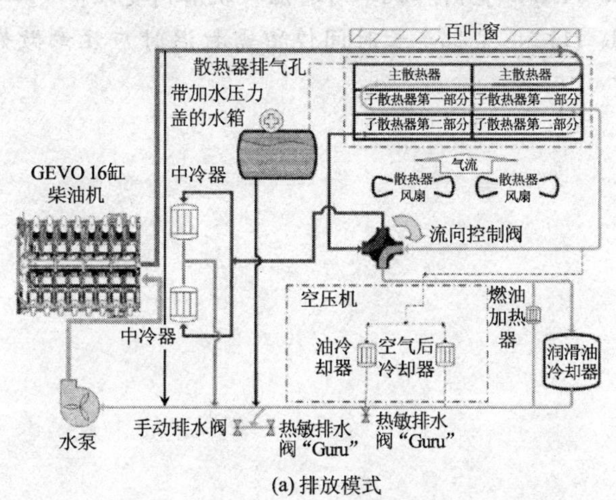

(a) 排放模式

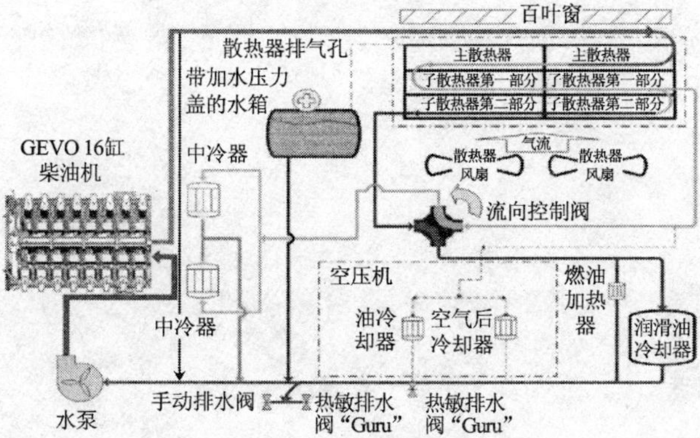

(b) 热机模式

图 25　HXN_5 型机车冷却水系统原理图

思考题

1. HXN_5 型内燃机车运用中对柴油机油、水温度有何规定？

2. HXN_5 型内燃机车对打温停机有何要求？

3. HXN_5 型机车长时间停留需打温时应注意做好哪些工作？

第三章　电力机车防寒知识

一、电力机车防寒过冬整修范围

1. 压缩机油更换冬季油，同时清洗压缩机油底壳。
2. 干燥器良好，各部件工作正常。
3. 整修门窗、砂箱盖。
4. 清扫并检查窗加热和取暖设备。
5. 检查牵制开关、门联锁风缸，并开盖补油。
6. 给中继阀等易冻部件加防寒套或加热套。
7. 总风缸排水阀的胶垫更换为金属垫。
8. 蓄电池电解液密度调整为1.2～1.22 g/mL。
9. 机车冬季运行中，应坚持排放总风缸及各排水阀中的凝结水，经常检查干燥器的工作状态，防止因干燥器故障造成总风缸无法充风。

二、机车长时间在段停留的要求

清扫积雪，排净积水，乘务员应与防寒负责人办理交接手续，定时对机车加温。

三、机车长时间停留，牵引电机整流子有缓霜现象时的处理

当牵引电机整流子有缓霜时（整流子及其他部分凝结水、冰珠），应用热的干燥压缩空气吹扫或用布擦拭干净，并用1 kV兆欧表测量主电路，绝缘电阻不低于0.5 MΩ时，

方可投入运用。

四、冬季电力机车整备中，机车乘务员注意事项

1. 机车整备作业中认真进行高、低压试验，制动机试验，保证机车电气系统、制动系统作用良好。

2. 整备作业中必须排放机车各风缸、分水滤气器中凝结水，以防冻结。遇排水阀冻结后，可用热敷方法解冻。

3. 检查砂箱砂量充足、砂质干燥无异物，撒砂装置作用正常。天气不良时，及时清除砂管冰雪，防止堵塞。

4. 试验空气干燥器温控装置加热正常，以防排污阀及管道冻结而漏风。

五、冬季电力机车整备作业时注意事项

1. 日常注意检查控制、辅助管路系统塞门位置正确，管路无泄漏。

2. 机车在使用中，应定期检查总风缸上的排水阀并排除总风缸内的积水，保证压缩空气的干燥洁净。

3. 由于膜板塞门系橡胶板结构，因此，在操作该塞门时，不宜用力过猛，以免造成膜板的损坏。

4. 每次出乘前，应打开主断路器风缸上的排水塞门，排除积水后关闭，以保证主断路器操作的安全可靠。

5. 使用辅助压缩机打风后，应打开辅助风缸下方的排水塞门排尽积水。

六、寒冷季节遇雪雾天气行车注意事项

寒冷季节遇雪雾天气行车，机车在车站长时间停留时，应注意防止存积冰雪及冻结。

第一节 SS_1 型电力机车防寒知识

一、防寒期前机车整修范围及要求

1. 司机室取暖设备

（1）外观检查各取暖电炉安装状态及电路接线状态。

（2）拔出取暖电炉琴键开关检查内部状态。

（3）用 500 V 兆欧表测量取暖电炉回路对地绝缘电阻符合规程要求。

（4）通电试验电暖气性能良好。

（5）检查各门、窗部件齐全，密封条无老化、脱落，开、关灵活，关闭严密。

（6）检查电热玻璃及其接线状态。接通电源 5～10 min 后，手摸电热玻璃温度应明显高于环境温度。

2. 机车空气管路及有关部件

（1）检查部位：各空气管路及其接头固定与密封状态；检查各塞门、排水阀开关灵活，关闭严密；检查高压门联锁阀动作灵活，无漏风。总风缸排水阀垫更换成金属垫。

（2）防寒包扎部位：总风滤尘器、车体外部总风缸管各塞门、各排水阀。SS_1 型电力机车干燥器至总风缸及干燥器至车体下部第一管卡处空气管路（含干燥器旁路管路）。

（3）防寒包扎方法：包扎机车管路时，先用毛毡条或石棉条包扎缠紧，再用麻袋条包扎，然后用铁丝缠紧。铁丝间距为 15～20 mm，每隔 10 圈打一防缓结，并涂上防腐漆或防腐油。

（4）中继阀、分配阀应用防寒套或电热套包扎，并通电试验保证其作用良好。

（5）对换向阀 51、52，逆止阀 107、108、203，总风缸

油水分离器及各排水阀应加装防寒套。

3. 机车蓄电池、两位置转换开关

(1) 检查蓄电池箱状态良好并保持清洁，箱盖应严密，通风孔应畅通。

(2) 蓄电池液密度调至 1.2～1.22 g/mL（免维护蓄电池除外）。

(3) 检查两位置转换开关转动灵活，风缸无卡滞，否则打开风缸处理。

4. 机车受电弓、车顶绝缘子

(1) 检查擦拭车顶各绝缘子符合规定要求。

(2) 及时清除车顶各部积雪，受电弓按规定进行性能试验并测量各部尺寸。

5. 机车空气干燥器

(1) 外观检查空气干燥器各部状态；手动检查电空阀无卡滞；检查各塞门开关灵活。

(2) 将电加热器开关置“开”位，使电加热器通电 5～10 min 后，手摸排泄阀体，温度应明显高于环境温度。

(3) 试验空气干燥器性能，检查各部无泄漏。

(4) 运行中保证其作用良好。

6. 空气压缩机、油脂

(1) 检查整修压缩机、漏油处所。

(2) 检查润滑油（脂）型号符合冬季要求。

7. 机车撒砂装置、扫石器、齿轮箱、抱轴瓦油箱

(1) 检查砂箱盖关闭严密，检查调整砂管高度、角度。

(2) 试验调整撒砂量。

(3) 扫石器按标准整修。

(4) 整修牵引齿轮箱、抱轴瓦油箱漏油及裂损处所，并按规定更换冬季油。

8. 机车辅助空气压缩机

(1) 检查辅助压缩机机油状态，辅助压缩机机油型号符合冬季要求。

(2) 试验辅助压缩机性能。

二、机车防寒整备要求及运用注意事项

1. 机车制动、走行系统

(1) 机车到达终点或入库后须排尽总风缸、远心集尘器、油水分离器、分水滤气器等空气滤清部件内部积水。

(2) 机车出库前除按《机车操作规程》进行制动机试验外，还须试验空气干燥器性能，并对制动系统防寒状态进行检查。对试验和检查时发现的冻结处所要查明原因并进行处理。

(3) 段内整备和中途停车时要及时清除制动、走行系统及车体各部冰雪。

2. 机车电气部分

(1) 机车进暖库时，应在牵引电机热态下进入，以免牵引电动机整流子表面缓霜。长时间停留机车进库时，应提高牵引电动机整流子表面温度后再进库，并彻底检查各电机，不得有缓霜或水珠。

(2) 长期停留机车投入运用前，应彻底检查牵引电机整流子表面保持干燥，发现缓霜、水珠时应擦净、吹干，处理完后用兆欧表测量主电路绝缘电阻符合要求后投入运用。

(3) 电力机车库内整备作业，要及时清除受电弓、主断路器及各车顶绝缘子上部的冰雪。

3. 机车已发生冻结时，应进行解冻

当机车某些部件和管路冻结时，可采用库内保温或采用热敷的方法进行解冻。在任何情况下，均不得用火烤的方法

进行解冻。对解冻后的部件应进行全面检查。

4. 打温人员应具备条件

(1) 掌握机车性能，会查找和处理一般故障。

(2) 熟知防火、灭火措施，会使用机车灭火器。

(3) 责任心强，过冬防寒知识、措施等考试合格。

5. SS_1 型电力机车打温方法

(1) 机务段根据气温情况确定段备机车打温时间，以防止车上部件冻结。

(2) 打温后进行“五步闸”试验和两位置开关动作试验，确认各部无冻结。

6. SS_1 型电力机车打温注意事项

(1) 检查并做好机车防溜措施。

(2) 打温过程中，打温人员不得离开机车。

三、机车防寒整修验收

1. 机车防寒验收内容

(1) 机车防寒整修质量验收由段指定部门负责。

(2) 指定部门要随时掌握机车防寒整修进度、防寒质量状态。对防寒质量问题造成的机破、临修、碎修要有针对性的分析和定出措施。要建立机车防寒记录本，记录各机车防寒整修期间运用机车防寒质量状态、存在问题及解决的措施。

(3) 每台机车防寒整修完成进行验收，合格后由指定部门签发合格证。防寒合格证张贴在Ⅰ端司机室前窗的左上角位置至防寒期结束。

2. 防寒期间机车检修与运用检查要求

已做防寒整修的机车在防寒期间进入修程时，须进行防寒部位的状态检查和整修，机车防寒状态不良不准交车，但交车时间已出防寒期除外。运用机车须进行防寒部位的状态检查，机车防寒部位状态不良时须及时提票，及时修复。

四、防寒期机车运用注意事项

1. 启动机车时，应根据线路和气候情况，适量撒砂，防止空转。

2. 途中停车检查机车时，应重点检查走行部状况，并及时排出总风缸及油水分离器存水，检查空气干燥器运用状态，但禁止锤击排水塞门手柄。

3. 运行中，开放非操纵端暖气，以防空气系统发生冻结。

4. 施行制动停车时，应根据减压量和线路、气候等情况，适量撒砂，以防滑行。

五、各部件冻结后的现象及处理

1. 再生电空阀故障或冻结时

现象：压缩机启动后再生电空阀排风不止。处理：将过滤器下部的G1阀关闭，开放G2阀。

2. 中继阀冻结

现象：自阀常用制动时，列车管不减压。处理：库内发现时，及时用热敷解冻或更换中继阀，运行途中发生列车管不减压时，司机立即将自阀手把放中立位，副司机立即将手动放风阀打开，使列车停车或使用紧急停车。

3. 107逆止阀冻结时

现象：小风泵泵风不止，辅助风缸压力不上升，受电弓升不起来。处理：用热敷解冻或换阀。

4. 108逆止阀冻结时

现象：辅助风缸升弓正常，控制风缸充不起风，有时造成升弓时间稍长，受电弓自动下降。处理：运行中开放97塞门，使用故障风路维持运行，站内停车时，再用热敷解冻或与107阀互换。

5. 203逆止阀冻结时

现象：自阀运转位过充位均衡风缸和列车管均不充风。

处理：用热敷给203阀解冻或改空气位操纵。

6. 106（滤清器）冻结时

现象：列车管及均衡风缸均充不起风，时间长闸缸压力也下降。

处理：停车后关闭总风缸的113塞门和中继阀的114塞门，取出106阀的滤芯，装上阀盖然后打开113、114塞门。

7. SS_1 型电力机车防寒表

SS_1 型电力机车防寒表见表4。

表4　SS_1 型电力机车防寒表

名　称	个　数	防寒方法
分配阀	1	加装电热套
中继阀	1	加装防寒套
油水分离器	2	加装防寒套经常排水
逆止阀106、108、203、107	4	加装防寒套
换向阀51、52	2	加装防寒套
分水滤气器	3	加装防寒套经常排水
总风缸排水体	4	加装防寒套经常排水

8. SS_1 型电力机车管路图

SS_1 型电力机车管路图见图26。

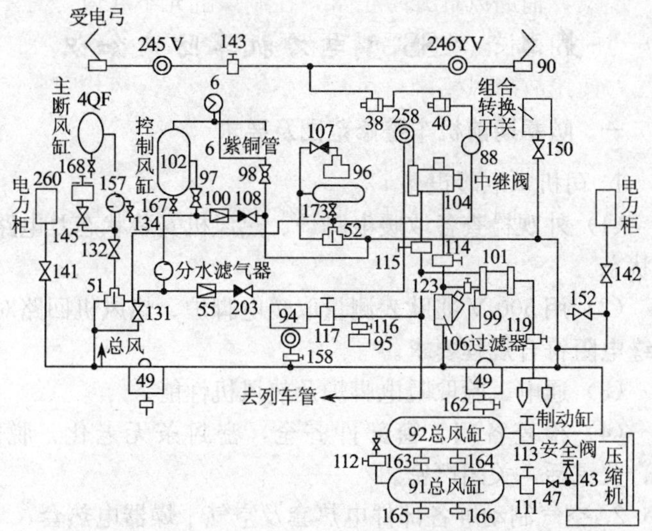

图 26　SS_1 型电力机车管路图

96—小风泵；107—辅助风缸逆止阀；105—辅助风缸；
102—控制风缸；4QF—主断路器风缸；100—升弓调压阀；
108—控制风缸逆止阀；97—故障风路供风塞门；98—供风塞门；
51、52—换向阀；131—控制风路总风塞门；104—中继阀；
106—总风滤尘器；55—均衡风缸调压阀；203—均衡风缸逆止阀；
114—中继阀总风塞门；115—中继阀列车管塞门；
49—总风油水分离器；111、112、113—总风缸塞门；56—均衡风缸；
94—电动放风阀；95—紧急放风阀；116—紧急放风阀塞门；
117—电动放风阀塞门；141、142—二高压柜供风塞门；6—风表；
43—压缩机；101—分配阀；119—制动缸塞门；123—分配阀；
47—压缩机逆止阀；50—总风逆止阀；99—工作风缸

思考题

1. SS_1 型电力机车打温时用什么方法？

2. SS_1 型电力机车打温应注意哪些事项？

3. SS_1 型电力机车防寒期机车运用时应注意哪些事项？

第二节　SS_3型电力机车防寒知识

一、防寒期前机车整修范围及要求

1. 司机室取暖设备

（1）外观检查各取暖电脚炉、热风机安装状态及电路接线状态。

（2）用500 V兆欧表测量取暖电脚炉、热风机回路对地绝缘电阻符合规程要求。

（3）通电试验取暖电脚炉及热风机性能。

（4）检查各门、窗部件齐全，密封条无老化、脱落，开、关灵活，关闭严密。

2. 空气制动屏各部件电热套及空气干燥器电热套

（1）空气制动屏内主中继阀、分配阀、106号阀及空气干燥器风缸加装电热套。

（2）各电热套质量良好并应捆绑牢固，通电试验不应有漏电现象。

（3）将电热套开关置“开”位，使电热套通电5～10 min后，手摸各电热套，温度应明显高于环境温度。

（4）运行中保证其作用良好，故障时及时提票，及时修理。

3. 机车空气管路及有关部件

（1）检查部位

各空气管路及其接头固定与密封状态；检查各塞门、排水阀应开关灵活，关闭严密；检查主中继阀、分配阀、电动放风阀、紧急放风阀、各电空阀作用良好。

（2）防寒包扎部位

机车下部：底架下部各风管均包扎毛毡。总风缸放水阀、列车管折角塞门均装防寒罩，但要保持阀开关灵活。包扎机车脚蹬板。

机车上部：辅助空气压缩机外露风管；主断路器风缸排水阀风管；空气干燥器通机车下部的部分风管；空气制动屏的51号、52号转换阀。

(3) 防寒包扎方法

先用毡条包缠管路，再用浸湿后的石棉布（带）包扎在管路毡层处部并包紧，或用麻袋包条包扎，然后用铁丝每隔20～30 mm一圈，缠绕在石棉布（带）外部或麻袋外部并缠紧。每隔10圈左右打一防缓结，待干燥后涂上防腐漆或防腐油。

(4) 空气制动屏正面及侧面挂好防寒被，并用铁丝绑好。

4. 机车蓄电池、两位置转换开关

(1) 检查蓄电池箱状态良好并保持清洁，箱盖应严密，通风孔应畅通。

(2) 检查两位置开关转动灵活，风缸无卡滞。否则进行处理。

5. 机车受电弓、车顶绝缘子

(1) 检查擦拭车顶各绝缘子，防污闪涂料脱落时进行补涂。

(2) 及时清除车顶积雪，受电弓按规定进行性能试验并测量各部尺寸。运行中交替使用，保证其作用良好。

6. 机车空气干燥器

(1) 外观检查空气干燥器各部状态；手动检查电空阀无卡滞；检查各塞门开关灵活。

(2) 将电加热器开关置“开”位，使电加热器通电5～10 min后，手摸排泄阀体，温度应明显高于环境温度（冬季加热器开关打开，夏季关闭）。

（3）试验空气干燥器性能，检查各部应无泄漏。

（4）运行中保证其作用良好，故障时及时提票，及时修理。

7. 空气压缩机、油脂

（1）检查整修压缩机及漏油处所。

（2）检查润滑油（脂）型号符合冬季要求。

8. 机车撒砂装置、扫石器、齿轮箱、抱轴瓦油箱

（1）检查砂箱盖关闭严密，检查调整砂管高度、角度。

（2）试验调整撒砂量。

（3）扫石器按标准整修。

（4）整修牵引齿轮箱、包轴瓦油箱漏油及裂损处所，并按规定更换冬季油。

9. 机车辅助空气压缩机

（1）检查辅助压缩机油状态，辅助压缩机油型号符合冬季要求。

（2）试验辅助压缩机性能。

二、机车防寒整备要求与机车运用注意事项

1. 机车制动、走行系统

（1）机车到达终点或入库后须按规定排出总风缸和主断路器等空气滤清部件内部积水。

（2）机车出库前除按《机车操作规程》进行制动机实验外，还须试验空气干燥器性能，检查各电热套状态，并对制动系统防寒状态进行检查。对试验和检查时发现的冻结处所要查明原因进行处理。

（3）段内整备和中途停车时要及时清除制动、走行系统及车体各部冰雪。

2. 机车电气部分

（1）机车进暖库时，应在牵引电机热态下进入，以免牵引电机整流子表面缓霜。长时间停留机车进库时，应提高整流子表面温度后在进库，并彻底检查各电机，不得有缓霜或水珠。

（2）长时间停留机车投入运用前，应彻底检查牵引电机整流子表面保持干燥，发现缓霜、水珠时应擦净、吹干，处理后用兆欧表测量主电路绝缘电阻，符合要求后投入运用。

（3）电力机车库内整备作业，要及时清除车顶、受电弓、主断路器及各车顶绝缘子上部的冰雪。

3. 机车已发生冻结时应进行解冻

当机车某些部件及管路发生冻结时，可采用库内保温或采用热敷的方法进行解冻。在任何情况下，均不得用火烤的方法进行解冻。对解冻后的部件应进行全面检查。

4. 打温人员应具备条件

（1）掌握机车性能，会查找和处理一般故障。

（2）熟知防火、灭火措施，会使用机车灭火器。

（3）责任心强，有过冬防寒知识，防寒考试合格。

5. SS_3型电力机车打温方法

（1）机务段根据气温情况确定段备机车及在外段折返机车打温时间，以防机车上部件冻结。

（2）打温后进行“五步闸”试验和两位置开关动作试验，确认各部无冻结。

6. SS_3型电力机车打温注意事项

（1）检查并做好机车防溜措施。

（2）打温过程中，打温人员不得离开机车。

三、机车防寒整修验收

1. 机车防寒验收内容

（1）机车防寒整修质量验收由段指定部门负责。

（2）指定部门要随时掌握机车防寒整修进度、防寒质量状态。对防寒质量问题造成的机破、临修、碎修要有针对性的分析和措施。要建立机车防寒记录本，记录各机车防寒整修期间运用机车防寒质量状态、存在的问题及解决的措施。

（3）每台机车防寒整修完成后进行验收，合格后由指定部门签发合格证。防寒合格证张贴在Ⅰ端司机室左前窗的左上角位置至防寒期结束。

2. 防寒期间机车检修与运用检查要求

已做好防寒整修的机车在防寒期间进入修程时，须进行防寒部位的状态检查和整修，机车防寒状态不良不准交车，但交车期间已出防寒期除外。运用机车须进行防寒部位的状态检查，机车防寒部位状态不良时需及时提票，及时修复。

四、防寒期机车运用注意事项

1. 启动机车前，应根据线路、气候等情况，适量撒砂，防止空转。

2. 在冬季机车运用时，为防止出现各风缸及排水阀冻结，在机车检查作业中除认真确认空气系统的各防寒包扎处所良好外，还应注意在交接班作业中或途中站停检查中继阀、106号阀、分配阀、走行部时，及时开放总风缸、油水分离器、远心集尘器及均衡风缸的排水阀排出积水，如发现塞门冻结时，应用热敷解冻，严禁火烤或锤击敲打塞门。

3．运行中，乘务员按规定进行巡检，防止空气系统发生冻结。

4．实施制动停车时，应根据减压量和线路、气候等情况，适量撒砂，以防滑行。

5．机车前端，制动软管连接器应戴好防尘堵，以防积雪或污物进入堵塞管路。

6．SS_3 型电力机车辅助风路图见图 27。

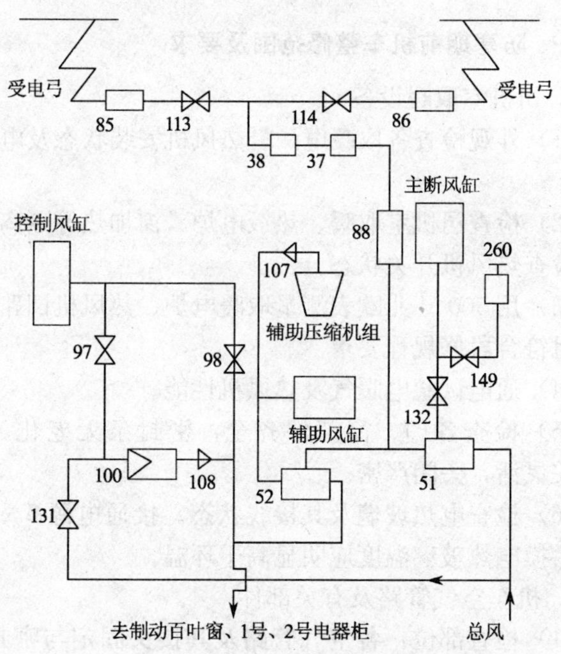

图 27　SS_3 型电力机车辅助风路图

85、86、88—电空阀；37、38—门联锁阀；100—调压阀；131—辅助风路塞门；113、114—受电弓风路塞门；51、52—换向阀；107、108—止回阀；132—主断风路塞门；260—压力开关

思考题

1. 机车已发生冻结时应如何解冻？
2. SS_3型电力机车打温人员应具备哪些条件？
3. SS_3型电力机车的打温方法是如何规定的？

第三节　SS_4改型电力机车防寒知识

一、防寒期前机车整修范围及要求

1. 司机室取暖设备

（1）外观检查各取暖电炉、热风机安装状态及电路接线状态。

（2）检查司机室取暖、热饭电炉、窗加热等隔离开关状态；检查热风机开关状态。

（3）用500 V兆欧表测量取暖电炉、热风机回路对地绝缘电阻符合段修规程要求。

（4）通电试验电暖气及热风机性能。

（5）检查各门、窗部件齐全，密封条无老化、脱落，开、关灵活，关闭严密。

（6）检查电热玻璃及其接线状态。接通电源5～10 min后，手摸电热玻璃温度应明显高于环温。

2. 机车空气管路及有关部件

（1）检查部位：各空气管路及其接头固定与密封状态；检查各塞门、排水阀应开关灵活，关闭严密；检查高压门联锁阀动作灵活，无漏风。总风缸排水阀垫更换成金属垫。

（2）防寒包扎部位：总风滤尘器、车体外部总风缸管各遮断塞门、各排水阀。SS_4改型电力机车干燥器至总风缸及干燥器至车体下部第一管卡处空气管路（含干燥器旁路管路）。

（3）防寒包扎方法：包扎机车管路时，先用毛毡条或石棉条包扎缠紧，再用麻袋条包扎，然后用铁丝缠紧。铁丝间距为 15～20 mm，每隔 10 圈打一防缓结，并涂上防腐漆或防腐油。

（4）中继阀、分配阀、止回阀、换向阀及各排水阀应用防寒套或电热套包扎，并须保证排水阀开关灵活。

（5）对逆止阀 47、50、107、106、108、109 和 100 阀应加装防寒套。

3. 机车蓄电池、两位置转换开关

（1）检查蓄电池箱状态良好并保持清洁，箱盖应严密，通风孔应畅通。

（2）铬镍蓄电池液密度调至 1.20～1.22 g/mL（免维护蓄电池除外）。

（3）检查两位置转换开关转动灵活，风缸无卡滞，否则打开风缸处理。

4. 机车受电弓、车顶绝缘子

（1）检查擦拭车顶各绝缘子符合规定要求。

（2）及时清除车顶积雪，受电弓按规定进行性能试验并测量各部尺寸。

5. 机车空气干燥器

（1）外观检查空气干燥器各部状态；手动检查电空阀无卡滞；检查各塞门开关灵活。

（2）将电加热器开关置“开”位，使电加热器通电 5～10 min 后，手摸排泄阀体，温度应明显高于环温（冬季加热器开关打开，夏季关闭）。

（3）试验空气干燥器性能；检查各部无泄漏。

（4）运行中保证其作用良好，故障时及时提票，下线修理。

6. 空气压缩机、油脂

（1）检查整修压缩机、漏油处所。

（2）检查润滑油（脂）型号符合冬季要求。

7. 机车撒砂装置、扫石器、齿轮箱、抱轴瓦油箱

（1）检查砂箱盖关闭严密；检查调整砂管高度、角度。

（2）试验调整撒砂量。

（3）扫石器按标准整修。

（4）整修牵引齿轮箱、抱轴瓦油箱漏油及裂损处所，并按规定更换冬季油。

8. 机车辅助空气压缩机

（1）检查辅助压缩机机油状态，辅助压缩机机油型号符合冬季要求。

（2）试验辅助压缩机性能。

二、机车防寒整备要求与机车运用注意事项

1. 机车制动、走行系统

（1）机车到达终点或入库后须排尽总风缸远心集尘器、油水分离器、分水滤清器等空气滤清部件内部积水。

（2）机车出库前除按《机车操作规程》进行制动机试验外，还须试验空气干燥器性能，并对制动系统防寒状态进行检查。对试验和检查时发现的冻结处所要查明原因并进行处理。

（3）段内整备和中途停车时要及时清除制动、走行系统及车体各部冰雪。

2. 机车电气部分

（1）机车进暖库时，应在牵引电机热态下进入，以免牵引电动机整流子表面缓霜。长时间停留机车进库时，应提高牵引电动机整流子表面温度后再进库，并彻底检查各电机，

不得有缓霜或水珠。

(2) 长期停留机车投入运用前，应彻底检查牵引电机整流子表面保持干燥，发现缓霜、水珠时应擦净、吹干，处理后用兆欧表测量主电路绝缘电阻，符合要求后投入运用。

(3) 电力机车库内整备作业，要及时清除受电弓、主断路器及各车顶绝缘子上部的冰雪。

3. 机车已发生冻结时，应进行解冻

当机车某些部件和管路冻结时，可采用库内保温或采用热敷的方法进行解冻。在任何情况下，均不得用火烤的方法进行解冻。对解冻后的部件应进行全面检查。

4. 打温人员应具备条件

(1) 掌握机车性能，会查找和处理一般故障。

(2) 熟知防火、灭火措施，会使用机车灭火器。

(3) 责任心强，过冬防寒知识、措施等考试合格。

5. SS_4改型电力机车打温方法

(1) 机务段根据气温情况确定段备机车打温时间，以防止车上部件冻结。

(2) 打温后进行"五步闸"试验和两位置开关动作试验，确认各部无冻结。

6. SS_4改型电力机车打温注意事项

(1) 检查并做好机车防溜措施。

(2) 打温过程中，打温人员不得离开机车。

三、机车防寒整修验收

1. 机车防寒验收内容

(1) 机车防寒整修质量验收由段指定部门负责。

(2) 指定部门要随时掌握机车防寒整修进度、防寒质量状态。对防寒质量问题造成的机破、临修、碎修要有针对性的分析和定出措施。要建立机车防寒记录本，记录各机车防寒整修期间运用机车防寒质量状态、存在问题及解决的措施。

(3) 每台机车防寒整修完成后进行验收，合格后由指定部门签发合格证。防寒合格证张贴在Ⅰ端司机室前窗的左上角位置至防寒期结束。

2. 防寒期间机车检修与运用检查要求

已做好防寒整修的机车在防寒期间进入修程时，须进行防寒部位的状态检查和整修，机车防寒状态不良不准交车，但交车时间已出防寒期除外。运用机车须进行防寒部位的状态检查，机车防寒部位状态不良时须及时提票、修复。

四、防寒期机车运用注意事项

1. 启动机车时，应根据线路和气候情况，适量撒砂，防止空转。

2. 途中停车检查机车时，应重点检查走行部状况，并及时排出总风缸及油水分离器存水；检查空气干燥器运用状态。禁止锤击排水塞门手柄。

3. 运行中，乘务员按规定进行巡检，防止空气系统发生冻结。

4. 施行制动停车时，应根据减压量和线路、气候等情况，适量撒砂，以防滑行。

五、各部件冻结后的现象及处理

1. 107 逆止阀冻结时

现象：用辅助压缩机打风时，辅助风缸压力不上升。

处理：库内更换新阀，途中用热敷解冻或用另一节辅助压缩机泵风。

2. 106 逆止阀冻结时

现象：辅助风缸有风压但升不起弓。

处理：库内更换新阀，途中用热敷解冻。

3. 108 逆止阀冻结

现象：运行中受电弓升起后时间不长自动降下。

处理：库内发现时及时更换新阀，途中立即将 97 塞门关闭，用辅助压缩机泵风维持运行，停车后用热敷解冻或与 107 逆止阀互换或换弓运行。

4. 109 逆止阀冻结时

现象：运转位、过充位均衡风缸和列车管不充风。

处理：库内发现及时更换新阀或用热敷解冻，途中发现时改空气位操纵。

5. 中继阀冻结时

现象：大闸常用制动时列车管不排风。

处理：司机立即将大闸手把置中立位，副司机使用手动放风阀控制列车管减压量。遇特殊情况可使用紧急制动或手按紧急按钮使列车停车。

6. 运行中再生电空阀冻结或故障时

现象：压缩机启动后再生电空阀排风不止。

处理：关闭过滤器下部的 G1 阀，开放 G2 阀，维持运行。

7. SS_4 改型电力机车防寒部件表

SS_4 改型电力机车防寒部件表见表 5。

表 5　SS_4 改型电力机车防寒部件表

名　　称	个　　数	防寒方法
分配阀	2	加装电热套
中继阀	2	加装电热套
总风排水阀	4	加装防寒套

续上表

名　　称	个　数	防寒方法
分水滤气器	8	加装防寒套
逆止阀	6	加装防寒套
总风滤尘器	2	加装防寒套
干燥器	2	开放

8. SS_4改型电力机车管路图。

SS_4改型电力机车管路图见图 28。

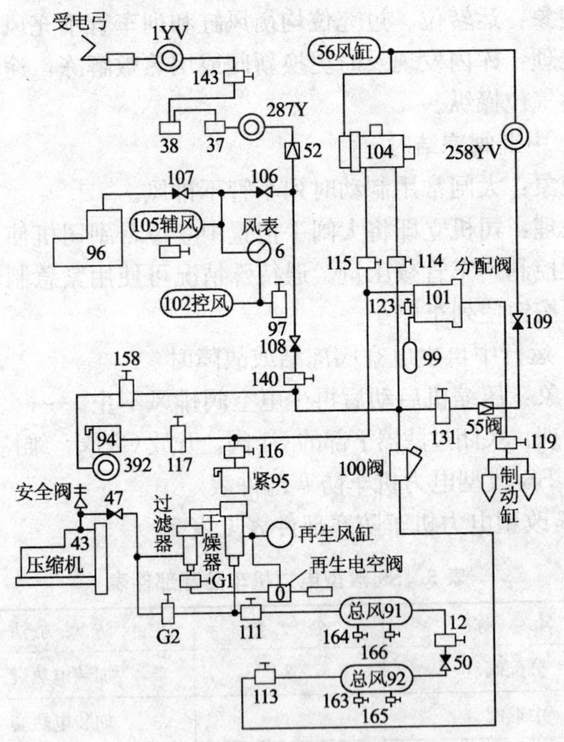

图 28　SS_4改型电力机车管路图

96—小风泵；107—辅助压缩机逆止阀；106—辅助风缸逆止阀；
105—辅助风缸；102—控制风缸；97—控制风缸塞门；
108—控制风缸逆止阀；56—均衡风缸；104—中继阀；
114—中继阀总风塞门；115—中继阀列车管塞门；
94—电动放风阀；95—紧急放风阀；49—干燥器；
116—紧急放风阀列车管塞门；117—电动放风阀列车管塞门；
91、92—总风缸；163、164、165、166—总风排水阀；
109—均衡风缸逆止阀；100—阀总风滤尘器；C1—阀过滤器放风塞门；
C2—阀压缩机总风阀连通止阀；111、112、113—总风缸塞门；
140—升弓电控阀总风止阀；52、55—调压阀；6—风表；
43—压缩机；101—分配阀；123—分配阀总风塞门；
99—工作风缸；119—闸缸塞门；47—压缩机逆止阀；50—总风缸逆止阀

思考题

1. SS_4 改型电力机车打温方法？
2. SS_4 改型电力机车打温应注意哪些事项？
3. SS_4 改型电力机车各部件冻结后的现象及处理？

第四节　SS_8 型电力机车防寒知识

一、防寒期前机车整修范围及要求

1. 司机室取暖设备

（1）外观检查各取暖电炉、热风机安装状态及电路接线状态。

（2）拔出取暖电炉琴键开关检查内部状态；检查热风机开关状态。

（3）用 500 V 兆欧表测量取暖电炉、热风机回路对地绝缘电阻符合段修规程要求。

（4）通电试验电暖气及热风机性能。

2. 机车各门窗

(1) 检查各门、窗部件齐全，密封条无老化、脱落，开、关灵活，关闭严密。

(2) 检查电热玻璃及其接线状态。接通电源 5～10 min 后，手摸电热玻璃温度应明显高于环温。

3. 机车空气管路

(1) 检查部位：各空气管路及其接头固定与密封状态；检查各塞门、排水阀应开关灵活，关闭严密；检查高压门联锁阀动作灵活，无漏风。总风缸排水阀垫更换成金属垫。

(2) 防寒包扎部位：中继阀、分配阀、止回阀、换向阀、车体外部总风缸管各遮断塞门、各排水阀，SS_8 型电力机车干燥器至总风缸及干燥器至车体下部第一管卡处空气管路（含干燥器旁路管路）。

(3) 防寒包扎方法：包扎机车管路时，先用毛毡条或石棉条包扎缠紧，再用麻袋条包扎，然后用铁丝缠紧。铁丝间距为 15～20 mm，每隔 10 圈打一防缓结，并涂上防腐漆或防腐油。中继阀、分配阀、止回阀、换向阀及各排水阀应用防寒套或电热套包扎，并须保证排水阀开关灵活。

4. 机车蓄电池、两位置转换开关

(1) 检查蓄电池箱状态良好并保持清洁，箱盖应严密，通风孔应畅通。

(2) 蓄电池液密度调至 1.20～1.22 g/mL（免维护蓄电池除外）。

(3) 检查两位置转换开关转动灵活，风缸无卡滞，否则打开风缸处理。

5. 机车受电弓、车顶绝缘子

(1) 检查擦拭车顶各绝缘子符合规定要求。

(2) 受电弓按规定进行性能试验并测量各部尺寸。

6. 机车空气干燥器

（1）外观检查空气干燥器各部状态，手动检查电空阀无卡滞，检查各塞门开关灵活。

（2）将电加热器开关置“开”位，使电加热器通电 5～10 min 后，手摸排泄阀体，温度应明显高于环温。

（3）试验空气干燥器性能；检查各部无泄漏。

（4）SS_8型电力机车空气干燥器箱检查门加挂防寒门帘。

7. 空气压缩机、油脂

（1）检查整修压缩机、漏油处所。

（2）检查润滑油（脂）型号符合冬季要求。

8. 机车撒砂装置、扫石器、齿轮箱

（1）检查砂箱盖关闭严密，检查调整砂管高度、角度。

（2）试验调整撒砂量。

（3）扫石器按标准整修。

（4）整修牵引齿轮箱漏油及裂损处所，齿轮箱通气孔应畅通无堵塞。

9. 机车辅助空气压缩机

（1）检查辅助压缩机机油状态，辅助压缩机机油型号符合冬季要求。

（2）试验辅助压缩机性能。

二、机车防寒整备要求与机车运用注意事项

1. 机车制动、走行系统

（1）机车到达终点或入库后须排出总风缸远心集尘器、油水分离器、分水滤气器等空气滤清部件内部积水。

（2）机车出库前除按《机车操作规程》进行制动机试验外，还须试验空气干燥器性能，并对制动系统防寒状态进行检查。对试验和检查时发现的冻结处所要查明原因并进行处理。

（3）段内整备和中途停车时要及时清除制动、走行系统及车体各部冰雪。

2. 机车电气部分

（1）机车进暖库时，应在牵引电机热态下进入，以免牵引电动机整流子表面缓霜。长时间停留机车进库时，应提高牵引电动机整流子表面温度后再进库，并彻底检查各电机，不得有缓霜或水珠。

（2）长期停留机车投入运用前，应彻底检查牵引电机整流子表面保持干燥。

（3）电力机车库内整备作业，要及时清除受电弓、主断路器及各车顶绝缘子上部的冰雪。

3. 机车已发生冻结时，应进行解冻

当机车某些部件和管路冻结时，可采用库内保温或采用热敷的方法进行解冻。在任何情况下，均不得用火烤的方法进行解冻。对解冻后的部件应进行全面检查。

4. 打温人员应具备条件

（1）掌握机车性能，会查找和处理一般故障。

（2）熟知防火、灭火措施，会使用机车灭火器。

（3）责任心强，过冬防寒知识、措施等考试合格。

5. SS_8型电力机车打温方法

（1）机务段根据气温情况确定段备机车打温时间，以防止车上部件冻结。

（2）打温后进行“五步闸”试验和两位置开关动作试验，确认各部无冻结。

6. SS_8型电力机车打温注意事项

（1）检查并做好机车防溜措施。

（2）打温过程中，打温人员不得离开机车。

三、机车防寒整修验收

1. 机车防寒验收内容

（1）机车防寒整修质量验收由有关部门负责。

（2）指定部门要随时掌握机车防寒整修进度、防寒质量状态。对防寒质量问题造成的机破、临修、碎修要有针对性的分析和措施。要建立机车防寒记录本，记录各机车防寒整修期间运用机车防寒质量状态、存在问题及解决的措施。

（3）每台机车防寒整修完成由有关部门进行验收，合格后由有关部门签发合格证。防寒合格证张贴在Ⅰ端司机室前窗的左上角位置至防寒期结束。

2. 防寒期间机车检修与运用检查要求

已做好防寒整修的机车在防寒期间进入修程时，须进行防寒部位的状态检查和整修，机车防寒状态不良不准交车，但交车时间已出防寒期除外。运用机车须进行防寒部位的状态检查，机车防寒部位状态不良时须及时提票、修复。

四、防寒期机车运用注意事项

机车运用要求

（1）启动机车时，应根据线路和气候情况，适量撒砂，防止空转。

（2）途中停车检查机车时，应重点检查走行部状况，并及时排出总风缸存水，检查空气干燥器运用状态，但禁止锤击排水塞门手柄。

（3）运行中，乘务员按规定进行巡检，防止空气系统发生冻结。

（4）施行制动停车时，应根据减压量和线路、气候等情况，适量撒砂，以防滑行。

五、空气干燥器运用防寒

1. 空气干燥器

SS_8型电力机车设置的干燥器有两种，都具有冬季加热装置。DJKG-A 型为单塔式、JKG 型为双塔式空气干燥器。空气干燥器的正常使用，既可防止制动机系统的故障或失灵，又可提高电空部件，尤其是主断路器作用的可靠性，防止机破行车事故。

SS_8型电力机车的空气干燥器箱悬挂于车体下部，为防止干燥器冻结，箱体除具有严密的防寒措施外，还设置 DC 110 V 50 W、AC 220 V 200 W的加热装置，该装置包括电控器（BT）、温度控制器、U 形加热元件（电炉）和中间继电器等。

空气干燥器中的干燥剂，须在高于 5 ℃的环境温度工作，如果低于 5 ℃时，其吸附和再生性能将大大降低，若温度继续降低，甚至会发生冻结现象，所以在防寒期内，需要对其进行加热。

2. 空气干燥器加热装置的使用

空气干燥器由两端操纵台左侧的 45QS（46QS）转换开关控制。进入防寒期后，操作方法如下：

（1）将干燥器箱内的温度控制器开关置“开”位。

（2）45QS（46QS）置“自动位”（1 位）。

（3）如温控器故障时，可将 45QS（46QS）置“手动”位（2 位）。

（4）当电钥匙 1SA（2SA）置工作位时，即为该装置提供电源。

45QS（46QS）置“自动”位时，干燥器箱的温度由温度控制器控制，即温度低于（1±1）℃时，开始加热；当温度上升到（10±1)℃时，加热停止。当转换开关置“手动”位时，干燥箱的温度不受温度控制器控制。这时，司机应掌握适时停止，以免加热过度。环境温度如高于1 ℃时，将转换开关置空气干燥器位，切除加热功能。

3. 空气干燥器防寒期日常检查处理

（1）将45QS（46QS）置“自动位”，观察干燥箱内电控器（温控器）电源指示灯显示正常；温控器开关置“开”位；加热元件作用正常。

（2）试验风泵停止后，电磁排污阀及排汽阀的再生排气正常。

（3）打开总风缸排水阀，应无积水排出。

（4）上述各部如出现异常，应及时整修。

（5）当运用途中发生电磁排污阀关闭不良、排风不止时，关闭油水分离器排污管塞门，但关闭时间不能过长（一般不应超过24 h)，以防止油水进入干燥塔，导致干燥剂失效，压缩空气质量下降，造成不良后果。

SS_8型电力机车管路图见图29。

思考题

1. SS_8型电力机车空气干燥器加热装置的使用方法是什么？

2. SS_8型电力机车空气干燥器加热装置的日常检查有哪些？

3. SS_8型电力机车打温注意事项有哪些？

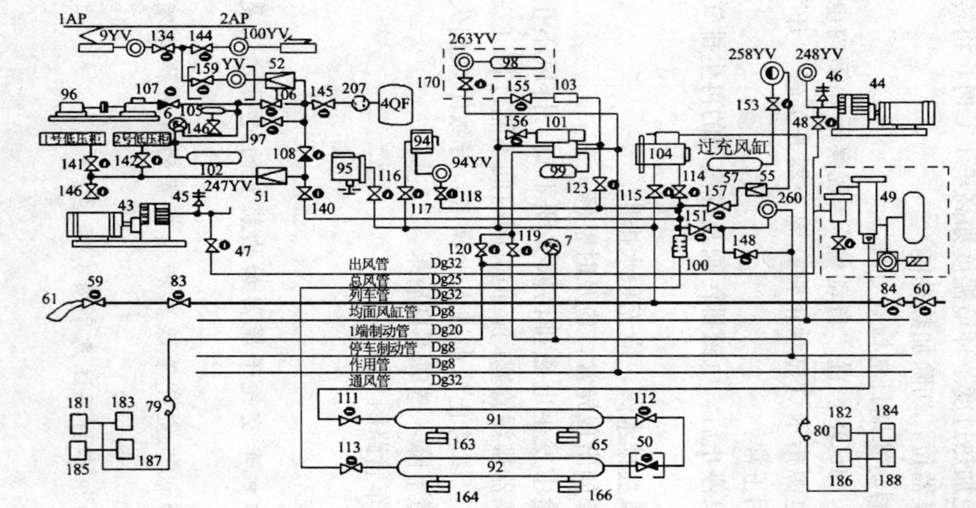

图29 SS$_8$型电力机车管路图

1AP、2AP—前、后受电弓；9YV、10YV—升弓电空阀；143、144—受电弓供风塞门；159—升弓转换阀；52—逆止阀；6—双针压力表；102—控制风缸；106、107、108—单向阀；96—辅助压缩机；140、146—截断塞门；52、55—调压阀；168、169—排水塞门；97—膜板塞门；207—分水滤气器；49—干燥器；91、92—主风缸；111～113—截断塞门；95、86—故障塞门；139—截断塞门；163～166—排水阀；50—逆流止回阀；65、66—供风软管联接器；63、64—折角塞门；79、80—软管；181～188—制动缸；119、120—制动缸塞门；7—制动缸压力表；114～117、151～158—截断塞门；95—紧急放风阀；94—电动放风阀；94YV—电动放风电空阀；101—分配阀；99—工作风缸；103—无动力装置；104—中继阀；57—过充风缸；56—均衡风缸；258YV—缓解电空阀

第五节　SS_9改型电力机车防寒知识

一、防寒期到来之前，机车整修范围及要求

1. 司机室取暖设备

（1）外观检查各取暖电炉、热风机安装状态及电路接线状态。

（2）拔出取暖电炉琴键开关检查内部状态，检查热风机开关状态。

（3）用500 V兆欧表测量取暖电炉、热风机回路对地绝缘电阻，符合段修规程要求。

（4）通电试验电暖气及热风机性能。

2. 机车各门窗

（1）检查各门、窗部件齐全，密封条无老化、脱落，开、关灵活，关闭严密。

（2）检查电热玻璃及其接线状态。接通电源5～10 min后，手摸电热玻璃温度应明显高于环温。

3. 机车空气管路

（1）检查部位：各空气管路及其接头固定与密封状态；检查各塞门、排水阀应开关灵活，关闭严密；检查高压门联锁阀动作灵活，无漏风。总风缸排水阀垫更换成金属垫。

（2）防寒包扎及加装防寒套部位：中继阀、分配阀、止回阀、换向阀、安全阀、TVM-430放风阀管路及受电弓风缸供风管路，车体外部总风缸管各遮断塞门、各排水阀及制动管。机车干燥器至总风缸及干燥器至车体下部第一管卡处空气管路（含干燥器旁路管路）。

（3）防寒包扎方法：包扎机车管路时，先用毛毡条或石棉条包扎缠紧，再用麻袋条包扎，然后用铁丝缠紧。铁丝间

距为 15～20 mm，每隔 10 圈打一防缓结，并涂上防腐漆或防腐油。中继阀、分配阀、止回阀、换向阀及各排水阀应用防寒套或电热套包扎，并须保证排水阀开关灵活。

4. 机车蓄电池、两位置转换开关

（1）检查蓄电池箱状态良好并保持清洁，箱盖应严密，通风孔应畅通。

（2）蓄电池液密度调至 1.20～1.22 g/mL（免维护蓄电池除外）。

（3）检查两位置转换开关转动灵活，风缸无卡滞，否则打开风缸处理。

5. 机车受电弓、车顶绝缘子

（1）检查擦拭车顶各绝缘子，防污闪涂料脱落时进行补涂。

（2）受电弓按规定进行性能试验并测量各部尺寸。

6. 机车空气干燥器

（1）外观检查空气干燥器各部状态；手动检查电空阀无卡滞；检查各塞门开关灵活。

（2）将电加热器开关置“开”位，使电加热器通电 5～10 min 后，手摸排泄阀体，温度应明显高于环温。

（3）试验空气干燥器性能，检查各部无泄漏。

7. 空气压缩机、油脂

（1）检查整修压缩机、漏油处所。

（2）检查润滑油（脂）型号符合冬季要求。

8. 机车撒砂装置、扫石器、齿轮箱

（1）检查砂箱盖关闭严密，检查调整砂管高度、角度。

（2）试验调整撒砂量。

（3）扫石器按标准整修。

（4）整修牵引齿轮箱漏油及裂损处所，齿轮箱通气孔应畅通无堵塞。

9. 机车辅助空气压缩机

（1）检查辅助压缩机机油状态，辅助压缩机机油型号符合冬季要求。

（2）试验辅助压缩机性能。

二、机车防寒整备要求与运用注意事项

1. 机车制动、走行系统

（1）机车到达终点或入库后须排出总风缸远心集尘器、分水滤气器等空气滤清部件内部积水。

（2）机车出库前除按《机车操作规程》进行制动机试验外，还须试验空气干燥器性能，并对制动系统防寒状态进行检查。对试验和检查时发现的冻结处所要查明原因并进行处理。

（3）段内整备和中途停车时要及时清除制动、走行系统及车体各部冰雪。

2. 机车电气部分

（1）机车进暖库时，应在牵引电机热态下进入，以免牵引电动机整流子表面缓霜。长时间停留机车进库时，应提高牵引电动机整流子表面温度后再进库，并彻底检查各电机，不得有缓霜或水珠。

（2）长期停留机车投入运用前，应彻底检查牵引电机整流子表面。

（3）电力机车库内整备作业，要及时清除受电弓、主断路器及各车顶绝缘子上部的冰雪。

3. 机车已发生冻结时，应进行解冻

当机车某些部件和管路冻结时，应及时进行解冻。同时对解冻后的部件应进行全面检查。

4. 打温人员应具备条件

（1）掌握机车性能，会查找和处理一般故障。

（2）熟知防火、灭火措施，会使用机车灭火器。

（3）责任心强，防寒过冬知识、措施等考试合格。

5. SS_9 改型电力机车打温方法

（1）机务段根据气温情况确定段预备机车打温时间，以防止车上部件冻结。

（2）打温后进行“五步闸”试验和两位置开关动作试验，确认各部无冻结。

6. SS_9 改型电力机车打温注意事项

（1）检查并做好机车防溜措施。

（2）打温过程中，打温人员不得离开机车。

三、机车防寒整修验收

1. 机车防寒验收内容

（1）机车防寒整修质量验收由有关部门负责。

（2）指定部门要随时掌握机车防寒整修进度、防寒质量状态。对防寒质量问题造成的机破、临修、碎修要有针对性的分析和措施。要建立机车防寒记录本，记录各机车防寒整修期间运用机车防寒质量状态、存在问题及解决的措施。

（3）每台机车防寒整修完成由有关部门进行验收，合格后由有关部门签发合格证。防寒合格证张贴在Ⅰ端司机室左前窗的左上角位置至防寒期结束。

2. 防寒期间机车检修与运用检查要求

已做好防寒整修的机车在防寒期间进入修程时，须进行防寒部位的状态检查和整修，机车防寒状态不良不准交车，但交车时间已出防寒期除外。运用机车须进行防寒部位的状态检查，机车防寒部位状态不良时须及时提票，及时修复。

四、防寒期机车运用注意事项

机车运用要求

（1）启动机车时，应根据线路和气候情况，适量撒砂，防止空转。

（2）途中停车检查机车时，应重点检查走行部状况，并及时排出总风缸存水；检查空气干燥器运用状态。禁止锤击排水塞门手柄。

（3）运行中，乘务员按规定进行巡检，防止空气系统发生冻结。

（4）施行制动停车时，应根据减压量和线路、气候等情况，适量撒砂，以防滑行。

五、空气干燥器运用防寒

1. 空气干燥器

SS_9 改型电力机车设置的 JKG 型干燥器为双塔式空气干燥器。空气干燥器的正常使用，既可防止制动机系统的故障或失灵，又可提高电空部件，尤其是主断路器作用的可靠性，防止机破行车事故。

空气干燥器中的干燥剂，须在高于 5 ℃的环境温度工作，如果低于 5 ℃时，其吸附和再生性能将大大降低，若温度继续降低，甚至会发生冻结现象，所以在防寒期内，需要对其进行加热。

2. 空气干燥器加热装置的使用

进入防寒期后，操作方法如下：

（1）将干燥器箱内的温度控制器开关置“开”位。

（2）关闭旁通塞门，开通油水分离器排污管上塞门。

3. 装置的切除

（1）干燥器的切除：遇到下列情况之一时，应将干燥器切除，以防止干燥剂长期吸附而失效。

①机车无火回送；

②机车长期存放；

③运行途中出现不能立即消除的故障。

切除的方法是：断开电源开关，开通旁通塞门。在运用中切除时，应开通旁通塞门，使压气机通过旁通管路直接向总风缸充风，以保证机车正常运行。

（2）电磁排污阀的切除：在运用中该阀出现排风不止的故障时，可将其切除，方法是将油水分离器排污管上的塞门关闭。

注意：排污管塞门关闭后，油水分离器还能照常工作。因此，关闭时间不能过长（一般不应超过 24 h），以防止油水分离器积水过多而大量流入干燥塔，导致干燥剂失效。

4. 装置的日常检查与处理

对干燥装置及风源净化系统应做例行检查，检查的主要方法如下：

（1）打开总风缸排水塞门，检查总风缸内是否出现凝结油水。

（2）观察干燥器指示灯的显示规律是否正常。

（3）检查排气阀的再生排气是否正常。

（4）检查电磁排污阀的工作是否正常。

通过对这四个部位的检查，基本可以判断装置是否在正常工作。如出现异常现象，应及时报请检修部门处理，尽快修复使用，以充分发挥装置的作用。如不能及时处理，应关闭装置，保护干燥剂不致失效。

六、SS_9改型电力机车空气管路上各阀发生冻结后的现象及处理方法

1. 螺杆式空压机逆止阀 47，活塞式空压机逆止阀 48 发生冻结后，空压机工作打风时，总风缸压力不上升，螺杆式空压机安全阀 45，活塞式空压机安全阀 46 跳开排风。用热风或热布解冻。

2. 干燥器 49 发生冻结后，空压机工作打风时，总风缸压力不上升，各风表压力下降，空压机打风不止，安全阀跳。运行中发生干燥器冻结，先将空气柜后部墙壁上双塔风缸间的 110 号塞门打开，再打开螺杆式空压机出口管处的 159 号塞门，并关闭干燥器气水分离器排水塞门，打风维持运行。若总风缸压力还不能上升，将干燥器的气水分离器及干燥器双塔风缸止回阀用热敷方法进行解冻放水。

3. 91 号总风缸与 92 号总风缸连通管逆止阀发生冻结后总风压不充风，总风压力下降。用热敷方法进行解冻。

4. 空气柜内，控制管路 108 号逆止阀发生冻结后，受电弓生不起来，主断路器不闭合。用热敷方法进行解冻。

5. 空气柜内，辅助风缸逆止阀 106 发生冻结后，辅助风缸压力表压力高于 500 kPa，受电弓升不起来，主断路器不闭合。用热敷方法进行解冻。

6. 空气柜顶部，辅助升弓空压机 96，出口管逆止阀 107 发生冻结后，辅助升弓空压机 96 打风时，空气柜内辅助风缸表压力不上升，表针不抖动。用热敷方法进行解冻。

7. 1 端操纵台司机侧小门内空气屏气水分离器 205，2 端操纵台司机侧小门内空气屏气水分离器 206 冻结后，空气制动机（小闸）、风笛、刮雨器、撒砂均无总风供给，不能工作。用热敷方法进行解冻，并进行放水。

8. 机车内顶部主断路器风管路气水分离器 207 发生冻结后，主断路器不闭合。用热敷方法进行解冻，并进行放水。

9. 总风缸排水阀 163、164、165、166 发生冻结后，排水阀打不开，打开后不排风，放不出水。用热敷方法进行解冻，并进行放水。

10. 主断路器自带气水分离器排水阀 168，发生冻结后，主断路器合不上或断不开。用热敷方法进行解冻，并进行放水。

11. 空气柜顶部辅助升弓风缸 105，排水阀 169 发生冻结后，排水阀打不开，打开后不排风，放不出水。用热敷方法进行解冻，并进行放水。

12. 1、2 低压电器柜后部，前、后受电弓升降弓控制装置气水分离器底部排水阀发生冻结后，前或后受电弓不能升起。用热敷方法进行解冻，并进行放水。

13. 空气柜后部墙壁上空压机压力控制器开关（风压开关）发生冻结后，总风压力低于 750 kPa 左右时风泵不工作，或压力高于 900 kPa 后，安全阀排风后空压机仍然打风。使用强泵位，用手动打风，有条件时用热敷方法进行解冻。

SS_9 改型电力机车管路图见图 30。

思考题

1. SS_9 改型电力机车打温人员应具备哪些条件？

2. 防寒期机车运用应注意哪些事项？

3. SS_9 改型电力机车防寒包扎方法是如何规定的？

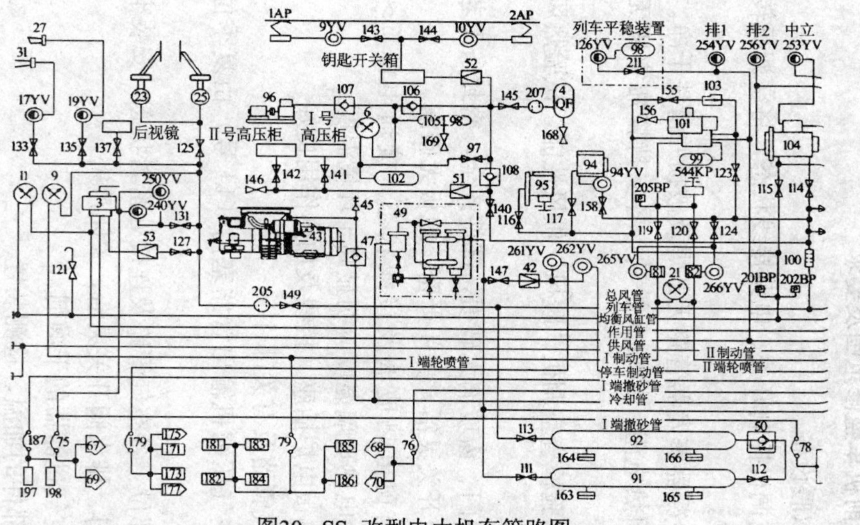

图30 SS_9改型电力机车管路图

5—逻辑控制装置；6—控制辅助风缸压力表；7、8、9、10—总风、均衡风缸压力表；11、12—双针压力表；21—制动缸压力表；37—供风调压阀；38、39—供风管压力表；43、44—主压缩机；45、46—主压缩机高压安全阀；47、48—主压缩机逆流止回阀；49—空气干燥器；50—总风缸逆流止回阀；51—控制管路调压阀；52—受电弓调压阀；53、54—单独制动调压阀；55—均衡风缸调压阀；56、57—过充－均衡双室风缸；58—初制动风缸；59、60—列车管折角塞门；61、62—制动软管连接器；63、64—供风管折角塞门；65、66—供风管软管连接器；81、82—电动切换阀；91、92—Ⅰ、Ⅱ—总风缸；94—电动放风阀；94YV—紧急电空阀；95—紧急放风阀；96—辅助压缩机组；97—控制风缸塞门；98—平稳风缸；99—工作风缸；100—总风滤尘器；101—分配阀；102—控制风缸；103—无火滤尘止回阀；104—中继阀；106、107—止回阀；111、112、113—总风缸塞门

第六节　8K 型电力机车防寒知识

一、防寒期前机车整修范围及要求

1. 司机室取暖设备

（1）检查空调机控制开关、电路接线状态，将空调机转换开关置热风位。

（2）检查冷凝器蒸发器管路无开焊及破损并清洗干净。

（3）检查加热电阻、接线无松动，各支持瓷瓶牢固无裂纹。

（4）通电试验检查空调机“暖风”供风性能，试验热风机作用良好。

（5）检查各门、窗玻璃无破损，部件齐全，密封条无老化、脱落，门窗开关灵活，关闭严密，地板无破漏。

（6）检查前窗电热玻璃及接线状态。接通电源 5～10 min后，手触电热玻璃温度应明显高于环境温度。

（7）检查热饭电炉插座、接线及加热作用良好。

2. 机车空气管路及有关部件

（1）将主空气压缩机输出管路塞门（14 号）由夏季位转至冬季位。

（2）检查部位：各空气管路及连接处密封状态，安装牢固；检查各塞门、排水阀开关灵活，关闭严密。

（3）更换空气过滤器的干燥剂。

3. 机车各部件的加温、检测装置

（1）主空气压缩机；

（2）辅助空气压缩机；

（3）空气干燥器；

（4）蓄电池组；

(5) 主断路器；

(6) 两位置转换开关风缸加装电加热套；

(7) 检查各加热部件，性能良好。

4. 机车受电弓、车顶绝缘瓷瓶

检查擦拭车顶各绝缘瓷瓶，符合规定要求。及时清除车顶各部积雪，受电弓按规定进行性能试验，并测量各部尺寸，保证其作用良好。

5. 机车加装防冻盖板

拆下空气干燥器正面的下部盖板，装上冬季用的全封闭式盖板。

在牵引电机网状端盖上，再加装上封闭盖板（三块）。

机车进行内循环改造，将车顶一侧通风窗加装封闭盖板。

6. 空气压缩机、油脂

(1) 检查整修压缩机润滑油质量、漏油处所；

(2) 检查润滑油（脂）型号符合要求；

(3) 更换各相关部件冬季油脂。

7. 机车撒砂装置、扫石器、齿轮箱

(1) 检查砂箱盖关闭严密，调整砂管高度、角度；

(2) 试验调整撒砂量；

(3) 检查扫石器符合标准；

(4) 检查整修牵引电机齿轮箱、轴箱漏油处所，并按规定更换冬季油。

8. 检查辅助压缩机

(1) 检查辅助压缩机润滑油质量，油脂型号符合冬季要求；

(2) 试验辅助压缩机性能。

二、机车防寒整备要求与运用注意事项

1. 机车制动系统、走行部

(1) 机车到达终点或入库后，手动排水阀排尽各风缸油水，防止管路冻结。

(2) 机车出库前按《机车操作规程》进行制动机试验，对制动系统的防寒状态进行检查。对试验和检查时发现的冻结处所要查明原因并进行处理。

(3) 段内整备和中途停车要及时清除制动装置、走行部及车体各部冰雪。

2. 机车电气部分

(1) 机车进入检修库及长时间停留时，应提高牵引电机整流子表面温度，牵引电机应在热态下入库，防止牵引电机整流子表面结水珠。

(2) 长时间停留机车投入运用前，应彻底检查牵引电机整流子表面，必须处于干燥状态。发现牵引电机整流子表面结霜或有水珠时，应用干燥的热压缩空气吹扫干净并擦干，机车方可投入运用。

(3) 电力机车库内整备作业，要及时清除车顶及受电弓、主断路器、高压隔离开关、主断路器接地闸刀、车顶绝缘瓷瓶等上部的积雪。

3. 机车已发生冻结时，应进行解冻

(1) 当机车某部件或管路冻结时，可采用库内保温或采用热敷的方法进行解冻；

(2) 在任何情况下，均不得用火烤的方法进行解冻；

(3) 对解冻后的部件应进行全面的检查。

4. 打温人员应具备的条件

(1) 熟知机车性能，会查找和处理机车一般故障；

(2) 熟知防火、灭火知识，会使用机车灭火器；

(3) 责任心强，过冬防寒考试合格。

5. 8K 型电力机车打温方法

(1) 根据气温情况确定段备机车打温时间，防止机车部件冻结；

(2) 环境温度在－20 ℃以上时无须加热；

(3) 环境温度在－20 ℃以下，机车停留时间在 2 h 以内时，可直接升弓加热；

(4) 环境温度在－20 ℃以下，并且机车停留在 2 h 以上时，应断开充电闸刀 ZCBA，将转换开关 Z（EXT）CBA 转到外接位。将外部单相工频交流电接在 PC（EXT）CBA 插座上即可，加热时间为环境温度低于－20 ℃时 0.5 h；低于－30 ℃时 1 h；低于－40 ℃时为 2 h；

(5) 打温后进行制动机及高压试验，确认各部件无冻结。

三、机车防寒整修验收

1. 机车防寒验收

(1) 机车防寒整修质量，由指定部门负责验收。

(2) 机车防寒验收部门要掌握机车防寒整修进度、防寒质量状态。由于防寒质量问题造成的机破、临修、碎修要进行有针对性的分析并定出措施。

(3) 机车防寒工作原则上结合机车修程进行，对在规定时间内不能按要求进行防寒工作的机车应扣车进行防寒工作。

(4) 每台机车防寒整修完成后进行验收。防寒合格的机车由指定部门将“机车防寒合格证”贴于 A 节司机室左侧前玻璃右上角至防寒期结束。

2. 防寒期间机车检修与运用检查要求

（1）已做防寒整修的机车在防寒期间进入修程时，须进行防寒部位的状态检查和整修；

（2）防寒状态不良不准交车，但交车时间已出防寒期除外；

（3）运用机车须进行防寒部位的状态检查，机车防寒部位状态不良时须及时提票、修复。

四、防寒期机车运用注意事项

1. 机车出入库及交接班

（1）机车乘务员要认真检查各风管路及风缸排水状态良好，并排出积水；

（2）认真检查和试验制动机作用良好；

（3）检查试验电炉、窗加热器作用良好，门窗严密，无破损；

（4）检查试验两司机室空调机作用良好；

（5）机车整备时，清扫受电弓、主断路器、高压隔离开关、高压联结器、各支持瓷瓶和互感器上的积雪，并清除放电间隙中的冰凌，防止发生爬电或造成短路而损坏电气设备。

2. 冬季机车操纵

（1）挂车前提前撒砂，挂车时做到钩响车不动，起车要平稳，以防断钩；

（2）在长大下坡道运行时，应经常使用再生制动，保持电机内部一定温度，以防结霜；

（3）在第一个停车站应提前试闸，单机合理使用单阀；

（4）适当增加空气制动的使用频率，以防列车“起非常”造成断钩；

（5）在缓解列车制动时，应适当增大再生制动电流，待列车全部缓解后，再逐渐减小至主手柄回零；

（6）在途中停车时，要开放各排水阀，排放油水，防止管路冻结；

（7）接班要检查储砂量，检查和试验撒砂装置作用良好，运行途中遇到雨、雪天气在困难区段应提前撒砂，防止空转；

（8）发现接触网有冰柱可能刮坏受电弓时，应提前降弓运行；停车时应轮换使用前后弓，以防受电弓转动部件冻结。

五、8K 型电力机车常见故障及处理

8K 型电力机车常见故障及处理见表 6。

表 6　8K 型电力机车常见故障及处理

序号	故障项目	故障现象	处理方法	注意事项
1	牵引制动转换开关 TR30 不转换	两节机车的牵引制动转换开关运行工况不一致，即：一节牵引，一节再生	关闭中央柜电器供风塞门 126。倒钥匙，打开中央柜门，人为将牵引制动转换开关转换到牵引位，关闭中央柜门，打开 126 号阀，维持故障运行	运行中，注意不应使用再生制动
2	换向转换开关 J20 不转换	两节机车换向转换关位置一致，即两机车换向转换开关都在Ⅰ位或Ⅱ位	关闭中央柜电器供风塞门 126。倒钥匙，打开中央柜门，根据机车运行方向，人为转换牵引制动转换开关，即：一端向前为Ⅰ位，另一端为Ⅱ位关闭中央柜门，打开 126 号阀，维持故障运行	运行中不要扳动换向手柄，必须转换运行方向时，按上述方法进行转换
3	主断路器断不开，主阀卡在中间位	断开主断路器保持扳钮 ZDJ，主断路器不断开，辅助机组照常工作	牵引手柄回零，断开主断路器保持扳钮 ZDJ，关闭压缩机扳钮，降弓过八跨，过跨后升弓，维持运行	密切监视各仪表及故障显示屏的显示，出现故障，及时降下受电弓，处理相应故障后维持运行

续上表

序号	故障项目	故障现象	处理方法	注意事项
3	主断路器断不开，主阀卡在中间位	主断路器主阀卡在中间位，机械间有排风声，总风压力迅速下降	停车关闭蓄电池柜下方31号塞门，断开两节蓄电池闸刀，闭合正常节蓄电池闸刀，升弓打风，至总风缸充满，打开31号塞门；如故障消失，将故障节机车的受电弓供风塞门关闭，断开BL钥匙，重联好两节机车，升正常节机车受电弓，8台电机维持运行；故障未消失，关闭故障节主断路器供风塞门，升非故障节机车受电弓，闭合主断路器，继续运行	
4	受电弓不能升起	网压表显示为零，主断路器断开红灯亮，一本/二本灯亮，油流、充电故障灯亮	1. 换弓操作，如受电弓升起，维持运行	
			2. 确认如总风缸风压不足，用辅助压缩机打风	
			3. 确认蓄电池电压低，合正常节蓄电池闸刀，升弓充电	
			4. 换弓操作，受电弓仍不能升起，检查CCPT如跳出，将其恢复，如不能恢复，4台电机维持运行	
			5. 检查高压隔离开关，如不在闭合位，关闭高压隔离开关供风塞门，人为闭合高压隔离开关	
			6. 检查重联继电器Q1UM、Q2UM，如未吸合，轻敲微震或用同型号继电器对换	

续上表

序号	故障项目	故障现象	处理方法	注意事项
4	受电弓不能升起	网压表显示为零，主断路器断开红灯亮，一本/二本灯亮，油流、充电故障灯亮	7. 检查 VE. PT 电空阀，如不吸合，可认为将其吸合	
			8. 手动调节升弓缓冲阀快升螺丝，受电弓升起后停止调节。调节不可过猛，无特殊情况不再人为降弓	
5	列车管不减压	自动制动手柄制动位，均衡风缸减压，列车管不减压	1. 操纵端 VE（IS）电空阀不失电。人为使其释放	
			2. 操纵端切除电空阀 VE（IS）。电空阀顶丝未松开，人为松开顶丝	
			3. 操纵端切除电空阀 VE（IS）电空阀本身故障。如故障不能排除，倒室换端，维持运行	
			4. 主中继阀故障。轻敲微震，如故障不能排除，倒室换端，维持运行	
6	列车管都不减压	自动制动手柄制动位，均衡风缸和列车管都不减压	1. 大闸手柄制动位接点不良。大闸在制动动、缓解位反复活动几次，如故障不能排除，转空气位操纵或倒室换端，维持运行	
			2. VE（DG）、VE（SG）电空阀不失电。人为使其释放	
			3. VE（DG）、VE（SG）电空阀故障。轻敲微震，人为使其释放；如故障不能排除，转空气位操纵或倒室换端，维持运行	

续上表

序号	故障项目	故障现象	处理方法	注意事项
7	列车管不缓解	自动制动手柄缓解位，均衡风缸缓解，列车管不缓解	1. 主中继阀故障（卡劲）。轻敲微震	
			2. Q（N）中立继电器不得电。人为闭合，在制动后，必须将三位置开关置于中立位	
			3. 中立电空阀故障或不失电。人为使其释放	
			4. 以上操作均无效时，倒室换端，维持运行	
8	列车管不缓解	自动制动手柄缓解位，均衡风缸和列车管都不缓解	1. 三位置开关不在运转位。恢复至运转位	
			2. MA（H）压力开关接点不良。轻敲微震	
			3. 大闸接点、Q（T）l△PCG连锁不良。轻敲微震	
			4. VE（DG）电空阀不得电。轻敲微震或人为将其吸合	
			5. 以上操作均无效时。按倒82命阀空气位操纵办法或倒室换端，维持运行	
		VE（DG）、VE（SG）电空阀故障	轻敲微震，人为使其释放；如故障不能排除，按倒82号阀空气位操纵办法或倒室换端，维持运行	

续上表

序号	故障项目	故障现象	处理方法	注意事项
9	列车管不保压	一撂大闸，就实施最大减压量	1. MA（G）压力开关、主中继阀故障；制动电空阀衔铁未吸合到位或阀口关闭不严。轻敲微震	区间撂大闸出现此现象，必须注意再生制动配合，防止断钩
			2. 站内停车后，关闭机后第一位列车管折角塞门，重复砸非常阀，如消失，继续运行	
		制动后，均衡风缸和列车管自缓	3. 缓解电空阀下阀口关闭不严；全缓解压力开关上接点减压后未断开。撂大闸减压后，将三位置开关打至中立位，须追加时直接撂大闸减压即可	运行中密切注意列车管风压的变化，必要时须降低运行速度或停车缓风
10	空气压缩机故障	空气压缩机打风慢或不打风	1. Q（A）DJ 主断路器断开继电器常闭连锁不良。对 Q（A）DJ 轻敲微震	运行途中，密切监控机车总风压力，严格控制列车运行速度，总风压力过低，应降低缓解速度，或是停车缓风
			2. Q（T）CPR 空压机延时继电器常开连锁不良或故障人为使其吸合	
			3. 空载启动电空阀 VE. CPR 不得电或故障．轻敲微震，人为使其释放；如故障不能排除，转空气位操纵或倒室换端，维持运行	

思考题

1. 防寒期到来之前，8K 型电力机车在哪些处所加装防冻盖板？

2. 防寒期到来之前，8K 型电力机车在哪些部件上加装机车加温、测量装置？

3. 防寒期对机车制动系统、走行部的整备与运用有何要求？

第七节　8G型电力机车防寒知识

一、防寒期前机车整修范围及要求

1. 司机室取暖设备

（1）外观检查各取暖电炉、热风机安装状态及电路接线状态。

（2）检查司机室取暖、热饭电炉、窗加热等隔离开关状态。

（3）用500 V兆欧表测量取暖电炉、热风机回路对地绝缘电阻，符合段修规程要求。

（4）通电试验电暖气及热风机性能。

（5）检查各门、窗部件齐全，密封条无老化、脱落，开、关灵活，关闭严密。

2. 机车空气管路及有关部件

（1）检查部位：各空气管路及其接头固定与密封状态；检查各塞门、排水阀应开关灵活，关闭严密。

（2）防寒包扎部位：车体外部总风缸折角塞门，列车管折角塞门，作用管折角塞门。

（3）防寒包扎方法：包扎机车管路时，先用毛毡或石棉条包扎缠紧，再用麻袋条包扎，然后用铁丝缠紧。铁丝间距为20～30 mm，每隔10圈左右打一防缓结，并涂上防腐漆或防腐油。

（4）分配阀、止回阀、换向阀及各排水阀开关灵活。

3. 机车蓄电池、两位置转换开关

（1）检查蓄电池箱状态良好并保持清洁，箱盖应严密，通风孔应畅通。

（2）蓄电池液密度 1.20～1.22 g/mL（免维护蓄电池除外）。

（3）检查两位置转换开关转动灵活，风缸无卡滞，否则打开风缸处理。

4. 机车受电弓、车顶绝缘子

（1）检查擦拭车顶各绝缘子。

（2）及时清除车顶积雪，受电弓按规定进行性能试验并测量各部尺寸，运行中交替使用，保证其作用良好。

5. 机车空气干燥器

（1）外观检查空气干燥器各部状态，手动检查电空阀无卡滞，检查各塞门开关灵活。

（2）将电加热器开关置“开”位，使电加热器通电 5～10 min后，手摸排泄阀体，温度应明显高于环温（冬季加热器开关打开，夏季关闭）。

（3）试验空气干燥器性能，检查各部无泄漏。

（4）运行中保证其作用良好，故障时及时提票，及时修理。

6. 空气压缩机、油脂

（1）检查整修压缩机、漏油处所。

（2）检查润滑油（脂）型号符合冬季要求。

7. 机车撒砂装置、扫石器、齿轮箱、抱轴瓦油箱

（1）检查砂箱盖关闭严密，检查调整砂管高度、角度。

（2）试验调整撒砂量。

（3）扫石器按标准整修。

（4）整修牵引齿轮箱、抱轴瓦油箱漏油及裂损处所，并按规定更换冬季油。

8. 机车辅助空气压缩机

（1）检查辅助压缩机机油状态，辅助压缩机机油型号符合冬季要求。

（2）试验辅助压缩机性能。

二、机车防寒整备要求与运用注意事项

1. 机车制动、走行系统

（1）机车到达终点或入库后须按规定排出总风缸、主储风缸和主断路器等空气滤清部件内部积水。

（2）机车出库前除按《机车操作规程》进行制动机实验外，还须试验空气干燥器性能，并对制动系统防寒状态进行检查。对试验和检查时发现的冻结处所要查明原因进行处理。

（3）段内整备和中途停车时要及时清除制动、走行系统及车体各部冰雪。

2. 机车电气部分

（1）机车进暖库时，应在牵引电机热态下进入，以免牵引电动机整流子表面缓霜。长时间停留机车进库时，应提高牵引电动机整流子表面温度后再进库，并彻底检查各电机，不得有缓霜或水珠。

（2）长期停留机车投入运用前，应彻底检查牵引电机整流子表面保持干燥，发现缓霜、水珠时应擦净、吹干，处理后用兆欧表测量主电路绝缘电阻，符合要求后投入运用。

（3）电力机车库内整备作业，要及时清除检查受电弓、主断路器及各车顶绝缘子上部的冰雪。

3. 机车已发生冻结时，应进行解冻

当机车某些部件和管路冻结时，可采用库内保温或采用

热敷的方法进行解冻。在任何情况下，均不得用火烤的方法进行解冻。对解冻后的部件应进行全面检查。

4. 打温人员应具备条件

（1）掌握机车性能，会查找和处理一般故障。

（2）熟知防火、灭火措施，会使用机车灭火器。

（3）责任心强，过冬防寒知识、措施等考试合格。

5. 8G型电力机车打温方法

（1）机务段根据气温情况确定段备机车打温时间，以防止车上部件冻结。

（2）打温后进行“五步闸”试验和两位置开关动作试验，确认各部无冻结。

6. 8G型电力机车打温注意事项

（1）检查并做好机车防溜措施。

（2）打温过程中，打温人员不得离开机车。

三、机车防寒整修验收

1. 机车防寒验收内容

（1）机车防寒整修质量验收由指定部门负责。

（2）指定部门要随时掌握机车防寒整修进度、防寒质量状态。对防寒质量问题造成的机破、临修、碎修要有针对性的分析和措施。

（3）每台机车防寒整修完成后进行验收，合格后由指定部门签发合格证。防寒合格证张贴在Ⅰ端司机室左前窗的左上角位置至防寒期结束。

2. 防寒期间机车检修与运用检查要求

已做好防寒整修的机车在防寒期间进入修程时，须进行防寒部位的状态检查和整修，机车防寒状态不良不准交车，但交车时间已出防寒期除外。运用机车须进行防寒部位的状态检查，机车防寒部位状态不良时须及时提票、修复。

四、防寒期机车运用注意事项

1. 启动机车时，应根据线路和气候情况，适量撒砂，防止空转。

2. 途中停车检查机车时，应重点检查走行部状况，并及时排除总风缸及油水分离器存水，检查空气干燥器运用状态，禁止锤击排水塞门手柄。

3. 运行中防止空气系统发生冻结。

4. 施行制动停车时，应根据减压量和线路、气候等情况，适量撒砂，以防滑行。

5. 8G 型电力机车风管路图见图 31。

6. 8G 型电力机车防寒部件表见表 7。

表 7　8G 型电力机车防寒部件表

部件名称	个　数	防寒方法
空气干燥剂	3	开　放

思考题

1. 打温人员应具备有哪些条件？

2. 8G 型电力机车打温方法有哪些？

3. 8G 型电力机车打温有哪些注意事项？

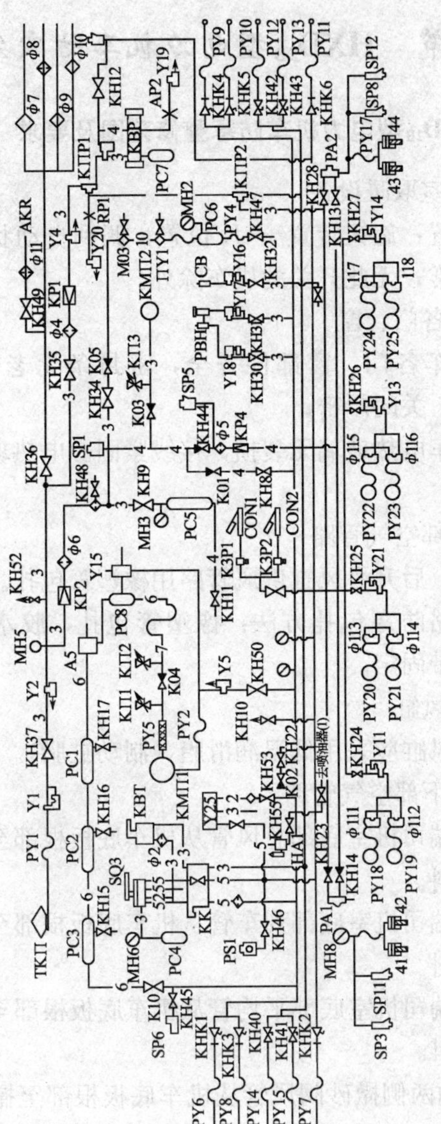

图31 8G型电力机车风路图

第八节　HXD_{2B}型电力机车防寒知识

一、HXD_{2B}型电力机车防寒整修范围及要求

1. 司机室取暖设备

空调装置：旋钮转置＋4K 位置，调到自动状态，空调装置工作正常，无此开关的机车除外。

2. 机车各门、窗

（1）机车各门、窗部件齐全，密封条无老化、脱落，开、关灵活，关闭严密。

（2）机车电热玻璃无裂损，接线紧固。电热玻璃通电试验合格。

3. 车顶部空气管路

（1）前、后升弓风缸供风管路用橡塑管包扎。

（2）管路防寒包扎方法：橡塑管包扎，胶水、防水胶带、尼龙拉带固定。

4. 传动风缸

各传动风缸应采用低温润滑脂（制动缸脂）。

5. 车体下部空气管路

（1）两端司机室底部总风管从机车底板根部至折角塞门包装防寒材料。

（2）两端司机室底部列车管从机车底板根部至折角塞门包装防寒材料。

（3）两端司机室底部平均管从机车底板根部至折角塞门包装防寒材料。

（4）6 轴两侧撒砂阀风管从机车底板根部至撒砂阀包装防寒材料（胶管部分除外），3、4 轴两侧撒砂阀风管从转向

架至撒砂阀的可见部分包装防寒材料（胶管部分除外）。

（5）两端司机室底部玻璃水箱加防冻液（乙二醇55%和蒸馏水45%）。

（6）轮轨润滑装置风管转向架两侧的可见部分包扎防寒材料（胶管除外）。

6. 油、脂

（1）润滑油、脂型号符合冬季要求。

（2）主变压器油符合标准。

7. 机车脚踏板

将机车脚踏板缠麻绳。

8. 辅助空气压缩机

（1）检查机油型号符合冬季要求。

（2）检查、清洁进风过滤滤芯，不良更换。

（3）试验性能合格。

9. 通风模式

将机车机械间辅助变流柜出风口模式转换为冬季“内通风”模式。

二、机车防寒整备要求

按 HXD_{2B} 型电力机车整备标准、要求，进行机车检查整备作业。并应重点加强对机车以下部件的防寒检查。

1. 空气管路及油水过滤系统排水检查

（1）总风缸：排水。

（2）制动柜上FI-F过滤器排水塞门：排水。

（3）辅助风缸、控制风缸排水堵：打开排水。

（4）升弓板块过滤器：检查、清理（1～2周应清理一次），不良更换。

（5）油水管路及塞门无渗漏。

2. 机车下部设备检查

（1）检查两端司机室下部雨刷水箱应加注防冻液。

（2）检查变压器无漏油，蓄电池箱盖安装牢固。

（3）检查空气管路接头无松动、无漏风，各种橡胶风管无龟裂。

（4）检查车体构架、转向架各部件安装螺栓无松动，且紧固作用良好。

（5）检查车体下部空气管路包装符合防寒要求。

3. 机车司机室设备检查

（1）空调装置：将司机室空调控制旋钮转置＋4K位置，调到自动状态，工作正常，无此开关的机车除外。

（2）电热玻璃：检查电热玻璃加热接线及试验其工作状态良好。

（3）检查操纵台下接线端子排的接线，保证连接可靠，无松动烧蚀。

（4）司机室门窗状态符合防寒要求。

4. 机车机械间设备检查

（1）检查确认机车上各种电连接插头作用良好。

（2）检查各电器柜接地线状态，连接有效，接地良好。

（3）检查确认辅助变流柜出风口由夏季模式转换置冬季“内通风”模式。

（4）机械间门窗状态符合防寒要求。

5. 机车车顶设备检查

（1）检查车顶高压电器设备及电器接线连接可靠，无过热、无放电烧灼现象。

（2）检查确认绝缘瓷瓶清洁，防止污闪故障发生。

6. 段内整备时

段内整备时，对试验和检查时发现的冻结的处所，应及时查明原因并进行处理。对机车制动、走行系统及车体上各部件的冰雪应及时清除。

7. 机车部件已发生冻结时，应及时进行解冻处理

当机车某些部件和管路发生冻结时，应采用库内保温或用热敷的方法进行解冻。在任何情况下，均不得采用火烤、锤击的方法进行解冻处理。对解冻后的机车部件应进行全面的检查和试验。

8. 机车打温

(1) 操作人员应具备条件

①掌握 HXD_{2B}型电力机车性能及机车故障处理办法。

②责任心强，防寒过冬知识、措施等考试合格。

③熟知机车防火、灭火措施，会使用机车灭火器。

(2) HXD_{2B}型电力机车打温方法

①机务段根据气温情况确定段预备机车打温时间，以防止车上部件冻结。

②打温后的机车应进行机车“制动机”和“电器”动作试验，确认机车各部无冻结且运用状态良好。

(3) HXD_{2B}型电力机车打温时的注意事项

①检查并做好机车防溜和各项安全措施。

②操作人员严格按 HXD_{2B}型电力机车作业程序进行操作。

③机车在打温过程中，操作人员不得擅自离开机车。

三、机车防寒整修验收

1. 机车防寒整修质量验收由指定部门负责

指定部门要随时掌握机车防寒整修进度、防寒质量状态。对防寒质量问题造成的机破、临修、碎修要有针对性的分析和定出措施。建立机车防寒记录本，记录各机车防寒整

修期间运用机车防寒质量状态、存在问题及解决的措施。

2. 每台机车防寒整修完成后应进行验收，合格后由指定部门签发防寒合格证。防寒合格证应统一张贴在Ⅰ端司机室玻璃左上角，至防寒期结束。

3. 防寒期间机车检修与运用检查要求

已做好防寒整修的机车在防寒期间进入修程时，须进行防寒部位的状态检查和整修，机车防寒状态不良不准交车，交车时间已出防寒期时除外。

运用机车须进行防寒部位的状态检查，如发现机车防寒部位状态不良时，相关整修人员须及时提票、修复。

四、防寒期机车运用注意事项

1. 段内整备、接车及途中停车检查机车时，应重点检查机车相关防寒部件状况，并及时清除机车车体上各部件的冰雪，确保其运用状态良好。

2. 机车到达终点或入库后，相关人员应按规定要求检查并对空气管路各风缸及部件进行排水。

3. HXD_{2B}机车为大功率电力机车，列车在启动和运行时，应根据线路和气候情况移动主司机控制器手柄，防止机车发生空转、滑行。

4. 机车运行速度在 12 km/h 以上时，如需对列车实施制动，应优先使用电制动（电制动隔离时除外）。

5. 运行中，应根据气候温度实际情况，选择是否开放非操纵端空调装置，以防机车部件发生冻结。

机车辅助控制柜及气动柜见图 32～图 35。

图 32　一号辅助控制柜

图 33　二号辅助控制柜

主断路器减压阀
主断路器减压阀塞门
止回阀
轮缘润滑器电磁阀
轮缘润滑器塞门
撒砂塞门，正常水平位
车顶通风窗塞塞门，正常水平位
紧急压力开关2
紧急压力开关1
列车管压力传感器1
列车管压力传感器2
辅助压缩机调节压力开关
辅助压缩机调节压力开关
辅助设备电路压力测试点
单机主断路器电磁阀 2
断路器压力测试点
总风管供风塞门(备用)，正常水平位
总风管供风塞门，正常水平位
总风压力传感器
转向架2撒砂电磁阀
转向架1撒砂电磁阀
车顶通风窗电磁阀
紧急制动压力开关压力测试
空气过滤器

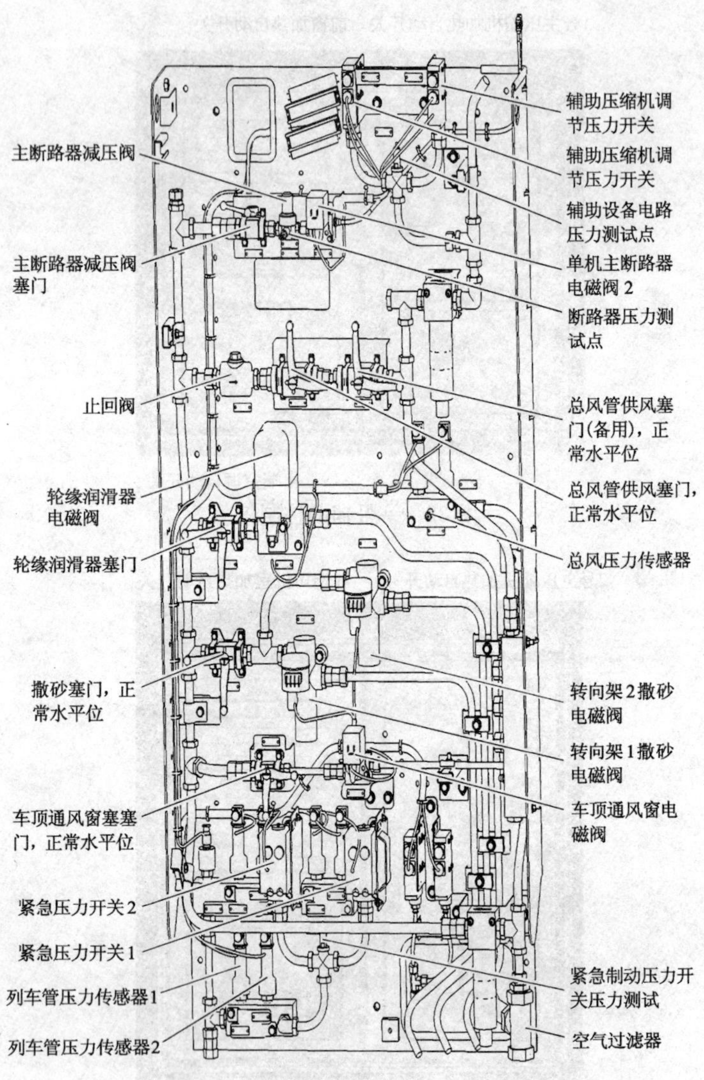

图 34　气动柜（一）示意图

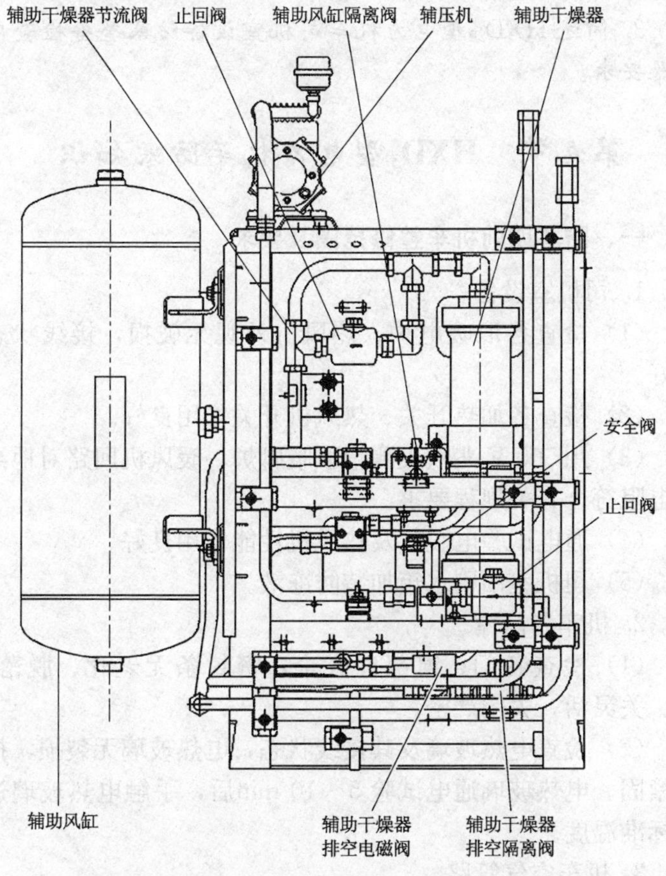

图 35　气动柜（二）示意图

思考题

1. 试述 HXD_{2B}型电力机车车体下部空气管路的防寒整修范围及要求。

2. 简述 HXD_{2B}型电力机车空气管路及油水过滤系统防

寒检查内容及要求。

3. 简述 HXD_{2B}型电力机车司机室设备防寒整备检查内容及要求。

第九节　HXD_3型电力机车防寒知识

一、防寒期前机车整修范围及要求

1. 司机室设备

（1）检查各取暖电炉、热风机外观无破损，接线状态良好。

（2）检查各加热开关、热风机开关作用良好。

（3）用500 V兆欧表测量取暖脚炉、暖风机回路对地绝缘电阻符合有关规程要求。

（4）通电试验电暖气及热风机性能作用良好。

（5）司机室雨刷水箱加装防冻液。

2. 机车各门窗

（1）检查各门、窗部件齐全，密封条无老化、脱落，开、关灵活，关闭严密。

（2）检查电热玻璃及其接线状态，电热玻璃无裂损，接线紧固。电热玻璃通电试验5～10 min后，手触电热玻璃达到标准温度。

3. 机车空气管路

（1）检查空气管路系统：各空气管路及其接头防缓标记清晰，发现有漏风的接头要紧固。尤其注意检查车下走行部各管路接头。检查各种橡胶风管，发现龟裂和不良的要及时更换。

（2）防寒包扎部位：车体外部制动风管路、总风供风管、列车管、平均管及其塞门。

包扎机车管路时先用毡条包扎缠紧，再将麻布条包扎在毡条上，然后用铁丝缠紧，铁丝间距 20～30 mm 一圈，每隔 500～1 000 mm打一防缓结，并涂上防腐漆或防腐油。

(3) 各部空气管路塞门排水：对空气制动系统总风缸、辅助风缸、弹停风缸、干燥器油水分离器、制动柜滤芯以及主断路器的油水分离器进行排水。

4. 机车主、辅空气压缩机

(1) 检查整修压缩机各部无破损、无漏油处所。

(2) 检查润滑油（脂）型号符合冬季要求。

5. 机车双塔空气干燥器

(1) 检查外观各部无破损、无泄漏。

(2) 空气干燥器再生与干燥性能良好，转换功能正常。

6. 机车电器设备

(1) 检查机车上各种电器连接，保证插接到位。

(2) 检查Ⅰ、Ⅱ端司机室后墙的端子柜、操纵台下接线端子排的接线，保证连接可靠，无松动烧蚀。

(3) 检查电气控制柜（LV 柜）内各种接线是否紧固(包括柜前柜后，要将前、后面板拆下)，有无发热变色。发现有松动及烧蚀的，按工艺要求处理。

7. 机车车顶设备

(1) 检查车顶高压互感器与导电杆连接良好。

(2) 检查车顶高压设备状态，逐个对瓷瓶进行擦拭，确保瓷瓶清洁。

(3) 按规定试验受电弓性能，检查测量其各部尺寸符合规定。

8. 机车转向架设备

重点检查牵引杆吊绳两头 U 形卡子、猫爪、螺栓紧固状态，确保防护吊绳状态正常、可靠；检查机车转向架各部防缓螺栓安装状态良好。

9. 车体内部通风散热及保温

(1) 转换部位：车顶顶盖3个换气口、6个牵引通风机底座通气口、2个压缩机底座排气口。

(2) 冬季转换：拧紧车顶顶盖盖板的两个螺栓，关闭车体顶盖换气口；取下牵引通风机通风口过滤网，安装小盖板，关闭通气口，过滤网保存好；关闭空气压缩机底座上的调整盖板，让空压机的排气排到机械间。

二、机车防寒整备要求与运用注意事项

1. 整备要求

(1) 机车入库整备作业时对受电弓上部积雪结冰处认真清扫，重点检查受电弓滑板、气囊、导盘、钢丝绳、降弓止挡及绝缘子是否裂损、变形，不良及时处理。严格落实车顶绝缘子擦拭标准及要求，保持车顶绝缘子清洁状态良好。止挡处所必须用干布擦拭干净，涂抹黄油，防止冻结。

(2) 加装外部滤网的机车入库后对滤网上部积雪用软综刷清扫干净，保证通风系统正常工作，防止风机过载运行。

2. 运用注意事项

运用机车入库在地沟前，由机车乘务员对各排水部位进行一次排水，发现有排水不良的部位，及时提票。

具体排水部位如下：

(1) 制动柜滤芯下部的翼型排水塞门（在制动单元柜左下方直径约10 cm的滤芯)；

(2) 总风缸排水塞门（在干燥器下方地板上共四个)；

(3) 干燥器精滤器翼型排水塞门（在干燥器精滤器下部的外侧共两个)；

(4) 辅助风缸和弹停风缸的排水塞门（在第Ⅰ主压缩机

尾部下方的小地板下部)；

(5) 升弓气源控制阀组的空气过滤器（在面板左上角）下部的翼型排水塞门（第一受电弓控制阀组在第ⅡCI柜与电器控制柜之间的机车侧壁上、第二受电弓控制阀组在第Ⅰ主压缩机后部机车侧壁上)；

(6) 主断排水塞门（带有排水塞门的主断路器，在第ⅠCI柜左部上方)。

3. HXD_3型机车防寒加热系统的使用

机车电器控制柜的QA56（防寒控制直流)、QA72（防寒控制交流)、QA73A（砂管交流加热)、QA73B（砂管加热直流)、QA74（压缩机防寒控制）等自动开关正常情况下置于向下的断开位，当出现下面情况时才可以投入使用。

(1) 冬季，机车微机因低温不能正常启动时：闭合自动开关QA56、QA72，对辅助变流器、110 V电源充电模块、TCMS微机系统等进行DC 110 V低温预热。预热一定时间，当微机可以升弓合主断时，辅助变流器正常工作（通风机转起来）后，机车将自动转为由AC 110 V对主变流器、辅助变流器、110 V电源充电模块、总风压力开关、重联插座等进行加热。

(2) 冬季，机车升弓合主断后，主压缩机因低温不能正常启动时：闭合自动开关QA56、QA72、QA74，对主压缩机进行低温加热（注意压缩机进行低温加热时压缩机不能投入工作)。

(3) 机车在运用中或高低压试验时，遇雨天、雪天及大雾等天气，造成砂子受潮撒砂不畅时：闭合自动开关QA72、QA73，对撒砂装置进行加热。

4. 清除冰雪

段内整备和中途停车时要及时清除制动、走行系统及车体各部冰雪。

当机车某些部件和管路冻结时，应及时进行解冻，可采用库内保温或采用热敷的方法进行解冻。在任何情况下，均不得用火烤的方法进行解冻。对解冻后的部件应进行全面检查。

5. HXD_3型电力机车打温程序

机务段根据气温情况确定段备机车打温时间，以防止车上部件冻结。

（1）打温人员在工作前，应查看打温记录，并掌握需打温机车的停留车位置，及时上车检查机车状态，做到心中有数。

（2）打温人员在机车打温前后须认真检查机车防溜状态，打温人员禁止移动机车。升弓前认真检查确认机车具备升弓条件，方准升弓打温。

（3）打温时不准擅自离开机车或做与本职工作无关的事。要逐台打温，严禁几台机车同时打温。

（4）打温后必须进行制动机试验及机车机能试验，锁闭门窗，关闭机车机械门，以保持机车内的温度，确认机车各部无冻结。

三、机车防寒整修验收

1. 机车防寒整修质量验收由指定部门负责。

指定部门要随时掌握机车防寒整修进度、防寒质量状态。对防寒质量问题造成的机破、临修、碎修要有针对性的分析和定出措施。建立机车防寒记录本，记录各机车防寒整修期间运用机车防寒质量状态、存在问题及解决的措施。

2. 每台机车防寒整修完成后进行验收，合格后由指定部门签发合格证。防寒合格证张贴在Ⅰ端司机室前窗的左上角位置至防寒期结束。

3. 防寒期间机车检修与运用检查要求

已做好防寒整修的机车在防寒期间进入修程时，须进行防寒部位的状态检查和整修，机车防寒状态不良不准交车，但交车时间已出防寒期除外。运用机车须进行防寒部位的状态检查，机车防寒部位状态不良时，须及时修复。

四、防寒期机车运用注意事项

1. 电力机车遇降雪时，应保持一端受电弓不变，运用回段。

2. 电力机车乘务员在遇雾、雪天出入房或者待避状态下保证机车风机处于全速运转状态。

3. 电力机车车顶积雪较厚或车顶绝缘子结冰、严重影响车顶绝缘时，切忌盲目升弓、换弓，应申请停电，清扫后再运行，防止因绝缘不良烧断导线。

4. 电力机车司机发现接触网故障要及时采取降弓措施，防止故障范围扩大。

5. 发现接触网冰凌和严重结冰时，司机要及时报告车站。

6. 遇到降雾、雪和气温较低降雨等恶劣天气启动机车时，应根据线路和气候情况，适量撒砂，防止空转。

7. 中间站或到达停车检查机车时，应重点检查走行部状况，并及时排出总风缸存水，禁止锤击排水塞门手柄。

8. 运行中，开放非操纵端暖气，以防相关空气制动系统发生冻结。

9. 施行制动停车时，应根据减压量和线路、气候等情况，适量撒砂，以防滑行。

图 36 所示为 HXD_3 型电力机车管路图，见书末插页。

思考题

1. 对机车车顶设备进行整修有何要求？

2. 防寒期内机车日常排水部位有哪些？

3. 防寒期间机车检修与运用检查要求有哪些？

第十节　HXD_{3B}型电力机车防寒知识

一、防寒期前机车整修范围及要求

1. 司机室设备

（1）检查各取暖电炉、热风机外观无破损，接线状态良好。

（2）检查各加热开关、热风机开关作用良好。

（3）用500 V兆欧表测量取暖脚炉、暖风机回路对地绝缘电阻符合有关规程要求。

（4）通电试验电暖气及热风机性能作用良好。

（5）司机室雨刷水箱加装防冻液。

（6）空调装置：排水管清理及冷凝水槽板、新风过滤网、混合风过滤网清理；司机室空调按钮旋转至“正号”位置，空调制热作用良好。

2. 机车各门窗

（1）检查各门、窗部件齐全，密封条无老化、脱落，开、关灵活，关闭严密。

（2）检查电热玻璃及其接线状态，电热玻璃无裂损，接线紧固。电热玻璃通电试验合格。

3. 机车空气管路

（1）检查机械间空气管路系统：检查各空气管路及其接头安装牢固，无泄漏。各塞门、排水阀开关灵活，关闭严密，作用良好。

（2）检查车体下部及端部空气管路：检查各塞门关闭严密作用良好。检查端部各风管（单端包括 2 根平均管、2 根总风管和 1 根列车管）防寒包扎是否符合标准要求。

（3）各部空气管路塞门排水：对空气制动系统总风缸、辅助风缸、弹停风缸、干燥器油水分离器、制动柜滤芯以及主断路器储风缸进行排水。

4. 机车主、辅空气压缩机

（1）检查整修压缩机各部无破损、无漏油处所。

（2）检查润滑油（脂）型号符合冬季要求。

5. 机车双塔空气干燥器

（1）检查外观各部无破损、无泄漏。

（2）空气干燥器再生与干燥性能良好，转换功能正常。

6. 机车车顶设备

（1）检查车顶高压设备状态，逐个对瓷瓶进行擦拭，确保瓷瓶清洁。

（2）按规定试验受电弓性能并检查测量其各部件尺寸。

7. 机车转向架设备

检查机排障器、扫石器、一二系减振器、牵引电机及悬挂装置、牵引杆、牵引杆座及螺栓无松动，防缓标记清晰；检查电机大线插头状态。尤其重点对机车主变压器护板进行检查，确保安装牢固。

8. 车体内部通风冬季转换

检查机械间风机模式调整为冬季模式，在微机显示屏操作界面，点击“数据输入”选项，输入密码“123”，点击“发送”，查找“其他设置”选项卡后，选择“机械间风机冬季模式”按钮一项，该按钮显示黄色即可。

9. 打开机车机械间走廊靠近两端司机室第一块地板，

检查有无积水。

10. 机车两端重联插座加装防雨胶垫。

11. 加热系统检查：检查各电加热装置工作状态良好。

二、机车防寒整备要求与运用注意事项

1. 机车入库整备作业时对受电弓上部积雪结冰处认真清扫，重点检查受电弓滑板、气囊、导盘、钢丝绳、降弓止挡及绝缘子是否裂损、变形，不良及时处理。严格落实车顶绝缘子擦拭标准及要求，保持车顶绝缘子清洁状态良好。止挡处所必须用干布擦拭干净，涂抹黄油，防止再次冻结。

2. 加装外部滤网的机车入库后对滤网上部积雪用软棕刷清扫干净，保证通风系统正常工作，防止风机过载运行。

3. 运用机车入库在地沟前，由机车乘务员对各个排水部位进行一次排水，确保各个排水部位排空水。发现有排水不良的部位，及时提票。

排水具体部位如下：

(1) 制动柜滤芯下部的翼型排水塞门（注：在制动单元柜左下方直径约10 cm的滤芯）；

(2) 总风缸排水塞门；

(3) 干燥器精滤器；

(4) 辅助风缸和弹停风缸的排水塞门；

(5) 升弓气源控制阀组的空气过滤器（在面板左上角）下部的翼型排水塞门；

(6) 主断路器排水塞门。

4. HXD_{3B}型机车防寒撒砂加热系统的使用

遇雪天及大雾等天气因砂子受潮撒砂不畅时，准许闭合自动开关 QA40，对撒砂装置进行加热。

5. 段内整备和中途停车时要及时清除制动、走行系统

及车体各部冰雪。

当机车某些部件和管路冻结时，应及时进行解冻，可采用库内保温或采用热风、热布的方法进行解冻。在任何情况下，均不得用火烤的方法进行解冻。对解冻后的部件应进行全面检查。

6. HXD_{3B}型电力机车打温程序

根据气温情况确定段备机车打温时间，以防止车上部件冻结。

(1) 打温人员在工作前，应查看打温记录，并掌握需打温机车的停留车位置，及时上车检查机车状态，做到心中有数。

(2) 打温人员在机车打温前须认真检查机车防溜状态，打温人员禁止移动机车。升弓前认真检查机车具备升弓条件，方准升弓打温。

(3) 打温时不准擅自离开机车或做与本职工作无关的事。要逐台打温，严禁几台机车同时打温。

(4) 打温后必须进行制动机试验及机车机能试验，锁闭门窗，关闭机车机械门，以保持机车内的温度，确认机车各部无冻结。

三、机车防寒整修验收

1. 机车防寒整修质量验收由指定部门负责。

指定部门要随时掌握机车防寒整修进度、防寒质量状态。对防寒质量问题造成的机破、临修、碎修要有针对性的分析和定出措施。建立机车防寒记录本，记录各机车防寒整修期间运用机车防寒质量状态、存在问题及解决的措施。

2. 每台机车防寒整修完成后进行验收，合格后由指定部门签发合格证。防寒合格证张贴在Ⅰ端司机室前窗的左上角位置至防寒期结束。

3. 防寒期间机车检修与运用检查要求：

已做好防寒整修的机车在防寒期间进入修程时，须进行防寒部位的状态检查和整修，机车防寒状态不良不准交车，但交车时间已出防寒期除外。运用机车须进行防寒部位的状态检查，机车防寒部位状态不良时，须及时修复。

四、防寒期机车运用注意事项

1. 电力机车遇降雪时，应保持一端受电弓不变，运用回段。

2. 电力机车乘务员在遇雾、雪天出入房或者待避状态下保证机车风机处于全速运转状态。

3. 电力机车车顶积雪较厚或车顶绝缘子结冰、严重影响车顶绝缘时，切忌盲目升弓、换弓，应申请停电，清扫后再运行，防止因绝缘不良烧断导线。

4. 电力机车司机发现接触网故障要及时采取降弓措施，防止故障范围扩大。

5. 发现接触网冰凌和严重结冰时，司机要及时报告车站。

6. 遇到降雾、雪和气温较低降雨等恶劣天气启动机车时，应根据线路和气候情况，适量撒砂，防止空转。

7. 中间站或到达停车检查机车时，应重点检查走行部状况，并及时排出总风缸存水，禁止锤击排水塞门手柄。

8. 运行中，开放非操纵端暖气，以防相关空气制动系统发生冻结。

9. 施行制动停车时，应根据减压量和线路、气候等情况，适量撒砂，以防滑行。

图 37 所示为 HXD_{3B}型电力机车管路图，见书末插页。

思考题

1. 简述雪天不良天气状态时，电力机车出入库检查标准和要求。

2. 防寒期内，机车日常排水部位有哪些?

3. 车体内部通风，如何进行冬季转换?

第十一节　HXD_{3C}型电力机车防寒知识

一、防寒期前机车整修范围及要求

1. 司机室取暖设备

(1) 外观检查各脚炉、暖风机安装状态及电线路、接线状态良好。

(2) 检查脚炉、暖风机开关内部状态良好。

(3) 用500 V兆欧表测量取暖脚炉、暖风机回路对地绝缘电阻符合段修规程要求。

(4) 通电试验脚炉、暖风机性能良好。

(5) 雨刷水箱应加注防冻液。

2. 机车各门窗

(1) 检查各门、窗部件齐全，密封条无老化、脱落，开、关灵活，关闭严密。

(2) 检查电热玻璃及其接线状态。接通电源5～10 min后，手摸电热玻璃温度应明显高于环温。

3. 机车空气管路

(1) 检查部位：各空气管路及其接头固定与密封状态；检查各塞门、排水阀应开关灵活，关闭严密；检查试验升弓钥匙阀动作灵活，无漏风。总风缸排水阀垫更换成金属垫。

(2) 防寒包扎部位：车体外部总风供风管、列车管、平均管及其塞门。

包扎机车管路时，先用保温管（橡塑管）包紧，再用尼龙扎带扎紧。尼龙扎带间距为 15～20 mm。

（3）空压机止回阀加装电热套。

4. 机车蓄电池

检查电源柜（含蓄电池）完好、无异常，各插件连接到位、无松动，各端子接线正确、无松动。检查蓄电池箱状态良好并保持清洁，箱盖应严密，通风孔应畅通。

5. 机车受电弓、车顶绝缘子

（1）检查擦拭车顶各绝缘子。

（2）受电弓按规定进行性能试验并测量各部尺寸。出库、运行、入库只使用同一受电弓，出库前甩另一受电弓。

6. 机车空气干燥器

（1）外观检查空气干燥器各部状态，手动检查电空阀无卡滞，检查各塞门开关灵活。

（2）将电加热器开关置“开”位，使电加热器通电 5～10 min后，手摸排泄阀体，温度应明显高于环温。

（3）试验空气干燥器性能；检查各部无泄漏。

（4）检查发现总风缸内有水，应提票检查干燥器。

7. 空气压缩机、油脂

（1）检查整修压缩机、漏油处所。

（2）检查润滑油（脂）型号符合冬季要求。

（3）关闭空气压缩机底座上的调整盖板，让空压机的排气排到机械间。

8. 机车撒砂装置、扫石器、齿轮箱

（1）检查砂箱盖关闭严密，检查调整砂管高度、角度。

（2）试验调整撒砂量。

（3）扫石器按标准整修。

（4）整修牵引齿轮箱漏油及裂损处所，齿轮箱通气孔应畅通无堵塞。

9. 机车辅助空气压缩机

（1）检查辅助压缩机机油状态，辅助压缩机机油型号符合冬季要求。

（2）试验辅助压缩机性能。

10. 高寒地区（环境温度低于－25 ℃时），应对低温预热回路进行试验。当机车需要低温预热时，首先闭合自动开关QA60、QA72，接触器KM22闭合，将采用DC 110 V低温预热方式，对辅助变流器APU1/APU2、110 V电源装置UC、TCMS微机系统等进行加热。预热一定时间，当微机可以升弓合主断，辅助变流器正常工作后，继电器KE11和接触器KM21闭合，接触器KM22断开，转由AC 110 V进行低温预热，对辅助变流器APU1/APU2、110 V电源装置UC、TCMS微机系统、APU等进行加热。通过闭合自动开关QA73，可以对撒砂装置进行加热。通过闭合自动开关QA74，可以对压缩机进行低温加热，通过温控开关TR-1，可以实现压缩机低温加热的自动投入和切除，当压缩机进行低温加热时压缩机不能工作。在压缩机的控制回路里，还设有温度保护开关TS-1和压力保护开关PS-1，通过其常闭连锁，实现对压缩机的安全保护。

特别注意：正常情况下，直流加热开关QA60和低温预热开关SA71不允许闭合，否则会对被加热设备造成损害，微机死机，还有可能引起蓄电池亏电。

二、机车防寒整备要求与运用注意事项

1. 机车制动、走行系统

（1）机车到达终点或入库后须排出总风缸及分水滤气器

等空气滤清部件内部积水。

（2）机车出库前除按《机车操作规程》进行制动机试验外，还须试验空气干燥器性能，并对制动系统防寒状态进行检查。对试验和检查时发现的冻结处所要查明原因并进行处理。

（3）段内整备和中途停车时要及时清除制动、走行系统及车体各部冰雪。

2. 机车电气部分

（1）机车进暖库时，应在牵引电机热态下进入，以免牵引电动机整流子表面缓霜。长时间停留机车进库时，应提高牵引电动机整流子表面温度后再进库，并彻底检查各电机，不得有缓霜或水珠。

（2）长期停留机车投入运用前，应彻底检查牵引电机整流子表面保持干燥。

（3）电力机车库内整备作业，要及时清除受电弓、主断路器及各车顶绝缘子上部的冰雪。

3. 机车已发生冻结时，应进行解冻

当机车某些部件和管路冻结时，可采用库内保温或采用热敷的方法进行解冻。在任何情况下，均不得用火烤的方法进行解冻。对解冻后的部件应进行全面检查。

4. 打温人员应具备条件

（1）掌握机车性能，会查找和处理一般故障。

（2）熟知防火、灭火措施，会使用机车灭火器。

（3）责任心强，过冬防寒知识、措施等考试合格。

5. HXD_{3C}型电力机车打温方法

（1）根据气温情况确定段备机车打温时间，以防止车上部件冻结。

（2）打温后进行“五步闸”试验和两位置开关动作试

验，确认各部无冻结。

6. HXD_{3C}型电力机车打温注意事项

（1）检查并做好机车防溜措施。

（2）打温过程中，打温人员不得离开机车。

三、机车防寒整修验收

1. 机车防寒验收内容

（1）机车防寒整修质量验收由段指定部门负责。

（2）指定部门要随时掌握机车防寒整修进度、防寒质量状态。对防寒质量问题造成的机破、临修、碎修要有针对性的分析和定出措施。建立机车防寒记录本，记录各机车防寒整修期间运用机车防寒质量状态、存在问题及解决的措施。

（3）每台机车防寒整修完成后进行验收，合格后由指定部门签发合格证。防寒合格证张贴在Ⅰ端司机室前窗的左上角位置至防寒期结束。

2. 防寒期间机车检修与运用检查要求

已做好防寒整修的机车在防寒期间进入修程时，须进行防寒部位的状态检查和整修，机车防寒状态不良不准交车，但交车时间已出防寒期除外。运用机车须进行防寒部位的状态检查，机车防寒部位状态不良时须及时提票，及时修复。

四、防寒期机车运用注意事项

1. 启动机车时，应根据线路和气候情况，适量撒砂，防止空转。

2. 途中停车检查机车时，应重点检查走行部状况，并及时排出总风缸存水，检查空气干燥器运用状态，但禁止锤击排水塞门手柄。

3. 运行中防止空气系统发生冻结。

4. 施行制动停车时，应根据减压量和线路、气候等情况，适量撒砂，以防滑行。

图 38 所示为 HXD_{3C}型电力机车管路图，见书末插页。

思考题

1. HXD_{3C}型电力机车空气干燥器加热装置的使用方法有哪些？

2. HXD_{3C}型电力机车空气干燥器加热装置的日常检查有哪些？

3. HXD_{3C}型电力机车打温有哪些注意事项？

第四章　冬季人身防寒措施及注意事项

1. 工作时，必须按规定穿戴好防护用品，并注意整洁。冬季不得把防护耳孔盖严；双层作业必须戴好安全帽。工作前，要充分休息，不准饮酒；工作中精力充沛，精神集中。工作中要坚守岗位，不准做与本职工作无关的事。

2. 禁止在道心或枕木上行走，横越线路或道口时，要“一站、二看、三通过”。严禁抢行、钻车。不得脚踏尖轨和道岔转动部分，严禁从集中联动的道岔处通过。

3. 在夜间通过沟渠或有碍通行的处所时，应携带照明用具。在灰坑、地沟、水井、水池等附近通行时，防止滑落摔伤，严禁从灰坑或地沟上跳越。

4. 在机车上和高处作业时，要站稳抓牢，作好安全防护措施，佩带好安全带（绳），禁止搬上搬下重物或从高处抛掷工具、工件等。露天场所，天气不良危及人身安全时禁止上高处作业。

5. 冬季有关工作场所有暖气或改装土暖炉时应加装烟囱和留有通风口，经有关人员验收后贴合格证。

6. 机车或擦车架的扶手入冬前应捆绑防滑绳，上车顶及擦车架人员应带好安全带。

7. 所有内燃、电力机车的司机室入冬前应对门窗地板进行整修，对电暖气、热风机、窗加热等设备进行试验，保证其作用良好。

8. 在有隔离开关的场地作业时，要按规定更换好防护服，穿好绝缘鞋，带好防护手套，必须按规定程序作业，不得简化。

9. 出、退勤的乘务员及上下班人员要走固定线路，穿越线路时注意安全。严禁以车代步，飞上飞下。

附件　北京铁路局企业标准《机车防寒》

（Q/BT 316—2004）

1　范　　围

本标准规定了内燃机车和电力机车防寒的整修、整备内容、方法和质量要求及机车冬季运用注意事项。

本标准适用于北京铁路局机车防寒作业。

2　规范性引用文件

下列文件中的条款通过本标准的引用而成为本标准的条款。以下文件最新版本适用于本标准。

中华人民共和国铁道部《机车操作规程》

中华人民共和国铁道部《铁路机车统计规则》

3　机车防寒期和防寒整修时间

机车基本防寒期为每年 11 月 15 日始至次年 3 月 15 日止。各有关单位可根据本单位担当区段冬季气温情况规定本单位提前进入防寒期和延迟结束防寒期时间，并将防寒期起止时间报铁路局备案。机车防寒整修时间为每年防寒期开始前 60 天始至防寒期开始前 1 天止。

4　机车防寒组织机构

铁路局主管部门负责对机车防寒作业的监督、检查和指导。

机务段成立由段长任组长，总工程师、检修副段长、运用副段长任副组长，相关车间、部门负责人任组员的机车防寒工作领导小组，负责全段机车防寒领导工作。机务段应制定机车防寒工作制度，包括机车防寒计划、实施、检查工作分工、责任划分与考核办法等事项，并报铁路局备案。

5 机车防寒教育

每年防寒期开始前机务段教育部门负责对新职人员进行机车防寒培训及考试，不合格者不得上岗，同时组织对运用、检修部门有关人员进行机车防寒知识教育，以增强防寒过冬意识，提高机车防寒整修质量，提高乘务员操纵水平和冬季机车常见故障处理能力。机务段要在防寒期开始前培训机车打温人员，并对打温人员进行机车打温作业及机车防寒知识考试，考试合格方准从事打温作业。

6 机车防寒整修

6.1 机车防寒整修安排

机车防寒整修工作由支配机务段负责结合机车修程进行，机车在防寒整修期内不能进入修程时，由机务段技术科与运用车间联系扣车进行防寒整修。机务段在防寒整修工作开始前须准备好充足的防寒备品、材料，以保障整修工作顺利进行。

6.2 机车防寒作业

6.2.1 内燃机车防寒整修内容与要求见附表1。

附表 1　内燃机车防寒整修内容与要求

序号	整修项目	整修内容与要求	运行区段常年最低气温
1	司机室取暖设备	(1) 打开司机室地板检查热水胶管无老化、龟裂，检查各接头安装紧固，各部位无泄漏。 (2) 检查司机室暖气安装牢固，无泄漏；试验暖气性能合格。 (3) 检查热风机、电暖气安装牢固，接线紧固，接线断股不超过截面积的10%。用500 V兆欧表测量热风机、电暖气回路对地绝缘电阻符合段修规程要求；试验热风机、电暖气性能合格。 (4) 检查取暖阀门处胶管无老化，连接紧固无泄漏，否则更新	0 ℃以下
2	各门、窗及通气孔	(1) 检查各门、窗部件齐全，密封条无老化、脱落，开、关灵活，关闭严密。 (2) 检查冷却间百叶窗无破损，开、关灵活，关闭严密。 (3) 加挂冷却间百叶窗防寒被及司机室前通气孔防寒罩。 (4) 检查电热玻璃及其接线状态。电热玻璃通电试验合格	0 ℃以下
3	空气及油、水管路	(1) 外观检查各空气及油、水管路固定可靠，接头无泄漏；检查各塞门、排水阀开、关灵活，关闭严密。 (2) 防寒包扎部位： ① 司机室地板下暖气及侧壁暖气进、出水管。 ② 前、后司机室暖气连通管。 ③ 车体下部主空气压缩机至空气干燥器管路。车体下部冷却水上、放水管，机油上、放油管，燃油箱进、出油管。 ④ 车体下、外部各塞门、排水、排污阀	0 ℃以下

续上表

序号	整修项目	整修内容与要求	运行区段常年最低气温
3	空气及油、水管路	⑤ 车体前部塞门与车体间管路；车体前部至司机室地板下部管路	−21 ℃以下
		(3) 加装防寒套部位 ① 远心集尘器、油水分离器、中继阀、分配阀加装防寒套	0 ℃以下
		② 燃油箱进油管、总风缸排水阀、油水分离器加电热套	−21 ℃以下
		(4) 检查空气管路滤芯（网）合格。 (5) 包扎机车管路时，先用毛毡条或石棉条包扎缠紧，再用麻袋条包扎，然后用铁丝缠紧。铁丝间距为 20～ 30 mm，每隔 500～1 000 mm打一个结并做防腐处理。 (6) 检查车体内部通向车体下部各管路与地板间无缝隙，否则用麻刀泥填充密封	0 ℃以下
4	燃油箱、蓄电池箱	(1) 外观检查燃油箱防寒隔热层及外皮，修复破损处所。检查蓄电池箱体安装牢固、严密并保持清洁。检查蓄电池箱盖开、关灵活，关闭严密。 (2) 铅酸蓄电池电解液密度调至 1.26～1.28 g/mL，通气孔应畅通（阀控蓄电池除外）	0 ℃以下
5	预热锅炉	(1) 外观检查预热锅炉部件齐全，各阀开、关灵活。清扫烟囱及炉膛，清除油、灰。 (2) 启动循环水泵，检查各管路、法兰无泄漏。 (3) 点火试验合格	0 ℃以下
6	燃油预热器	检查、试验燃油预热器各部无泄漏，各油、水管路、阀门作用正常，并处于开放位置	0 ℃以下

续上表

序号	整修项目	整修内容与要求	运行区段常年最低气温
7	空气干燥器	(1) 解体检查干燥器滤清筒，清洁内部，更换变色、失效的干燥剂。 (2) 试验空气干燥器性能；检查各部无泄漏。 (3) 检查排水阀电热元件固定可靠，接线牢固，能可靠加热。温控盒电源灯能按要求显示	0 ℃以下
8	燃油、润滑油、脂	内燃机车燃油及润滑油、脂型号符合冬季要求	0 ℃以下
9	脚踏板	调车机车脚踏板缠麻绳	0 ℃以下
10	撒砂装置、扫石器、齿轮箱	(1) 检查砂箱盖关闭严密。检查调整砂管高度、角度。 (2) 试验、调整撒砂量。 (3) 检查扫石器支架各部无裂损，各部螺栓无松动，胶管无裂损，各部尺寸符合段修规程要求。 (4) 整修牵引齿轮箱漏油及裂损处所	0 ℃以下

注：各机务段可根据本段实际情况适当增加防寒整修内容。

6.2.2 电力机车防寒整修内容与要求见附表2。

附表2 电力机车防寒整修内容与要求

序号	整修项目	整修内容与要求	运行区段常年最低气温
1	司机室取暖设备	(1) 外观检查各取暖电炉、热风机安装牢固，接线紧固，接线断股不超过10%。 (2) 拔出取暖电炉琴键开关检查内部无烧损。检查热风机开关开、闭作用合格。 (3) 用500 V兆欧表测量取暖电炉、热风机回路对地绝缘电阻符合段修规程要求。 (4) 通电试验电暖气及热风机性能	0 ℃以下

续上表

序号	整修项目	整修内容与要求	运行区段常年最低气温
2	各门、窗	(1) 检查各门、窗部件齐全，密封条无老化、脱落，开、关灵活，关闭严密。 (2) 检查电热玻璃无裂损，接线紧固。电热玻璃通电试验合格	0 ℃以下
3	车体上部、车顶部空气管路	(1) 检查各空气管路及其接头安装牢固，无泄漏。检查各塞门、排水阀开关灵活，关闭严密。检查高压门联锁阀动作灵活，无漏风	0 ℃以下
		(2) 中继阀、分配阀、止回阀、换向阀加装防寒套	0～－20 ℃
		(3) 中继阀、分配阀加装电热套加装防寒套	－21 ℃以下
		(4) 中继阀、分配阀、止回阀、换向阀加装电热套。 (5) 主空气压缩机逆止阀、安全阀加电热套，附近管路包装防寒材料。 (6) 车顶盖及侧墙壁上受电弓、主断路器风管路包装防寒料材。 (7) 司机室地板下风管路包装防寒材料。 (8) 干燥器下各管路包装防寒材料。 (9) 双管供风管路包装防寒材料。 (10) SS_9 型电力机车 TVM430 放风阀管路包装防寒材料。 (11) 机械间内顶部、压缩机控制器下部管路加电伴热线，外包装防寒材料。 (12) 管路防寒包扎方法：橡塑管包扎，胶水、防水胶带、尼龙拉带固定	－30 ℃以下
4	车顶部空气管路	前、后升弓风缸供风管路用橡塑管包扎，胶水、防水胶带、尼龙拉带固定	－30 ℃以下

续上表

序号	整修项目	整修内容与要求	运行区段常年最低气温
5	车体下部空气管路	(1) 检查各塞门、排水阀开关灵活，关闭严密；检查总风缸排水阀金属垫无变形	0 ℃以下
		(2) 车体下、外部各塞门、排水阀宜加装防寒套	−15 ℃以下
		(3) 制动缸管加电伴热线，外包装防寒材料。 (4) 前、后台车供风管防撞塞门，列车管塞门加电热套，附近管路包装防寒材料。 (5) 活塞式空气压缩机至干燥器散热管，包防寒材料，其中管路上排水阀加电热套。两压缩机三通阀汇合处及附近管路缠绕伴热线，外包装防寒材料。 (6) 干燥器至总风缸进口管路包装防寒材料。 (7) 干燥器排水管加电伴热线，外包装防寒材料。 (8) 管路防寒包扎方法：橡塑管包扎，胶水、防水胶带、尼龙拉带固定	−30 ℃以下
6	蓄电池	(1) 检查蓄电池箱安装牢固、严密并保持清洁。检查蓄电池箱盖关闭严密。 (2) 铬镍蓄电池电解液密度调至 1.20～1.22 g/mL（阀控蓄电池除外）。 (3) 检查两位置转换开关转动灵活，风缸无卡滞，否则打开风缸处理	0 ℃以下
7	传动风缸	各传动风缸采用低温润滑脂（制动缸脂）	−40 ℃～−21 ℃

续上表

序号	整修项目	整修内容与要求	运行区段常年最低气温
8	空气干燥器	(1) 单塔式： ①外观检查各部无破损，手动检查电空阀无卡滞，各塞门开关灵活。 ②解体检查干燥器滤清筒，清洁内部，更换变色、失效的干燥剂。 ③检查各部无泄漏，加热元件可靠加热，性能试验合格。 ④检查车体下部空气干燥器箱门开、关灵活，关闭严密。 (2) 双塔式： ①外观检查各部无破损，各塞门开关灵活；解体进气阀、排气阀、出气止回阀及电磁排气阀，检查硅脂润滑剂状态，并更换全部橡胶件。 ②更换变色、失效的干燥剂；清洗并吹扫进、出风滤筒，出风滤网。 ③测试电空控制器作用良好；手动检查电空阀无卡滞。 ④检查各部无泄漏，加热元件可靠加热，性能试验合格。 ⑤检查车体下部空气干燥器箱门开、关灵活，关闭严密。 (3) 试验空气干燥器性能合格	0 ℃以下
9	油、脂	(1) 检查润滑油、脂型号符合冬季要求。 (2) 检查主变压器油位合格	0 ℃以下
10	脚踏板	调车机车脚踏板缠麻绳	0 ℃以下
11	辅助空气压缩机	(1) 检查机油型号符合冬季要求。 (2) 试验性能合格	0 ℃以下
12	塞门与通风孔位置	(1) 8K 型机车将冬夏季塞门转至冬季位。 (2) 8G 型机车车顶通风孔调整为冬季位置	0 ℃以下

注：各机务段可根据本段实际情况适当增加防寒整修内容。

6.3 机车防寒整修质量管理

6.3.1 防寒记录与质量分析。机务段技术科要每天掌握机车防寒整修进度、防寒整修质量状态。机务段对防寒质量问题造成的机破、临修、碎修要及时分析并采取针对性措施。运用车间要建立机车防寒质量状态登记簿，记录每台机车防寒整修完成时间、运用机车防寒质量状态、存在问题及已采取措施。

6.3.2 防寒验收。每台机车防寒整修完成后由铁路局驻段验收室进行验收，合格后由验收室签发机车防寒合格证（式样见附图 1）。防寒合格证张贴在Ⅰ端（双节机车为 A 节）司机室左前窗的左上角位置至防寒期结束。

6.3.3 防寒期间机车检修与运用检查。已做防寒整修的机车在防寒期间进入修程时，须进行防寒部位的状态检查和整修，机车防寒状态不合格不准交车，但交车时间已出防寒期除外。运用机车入库整备及出库前须进行防寒部位的状态检查，机车防寒部位状态不良时须及时修复。

7 机车防寒整备要求与机车防寒期运用注意事项

7.1 内燃机车打温

7.1.1 机务段根据气温情况确定段备机车打温时间，但应保持段备机车柴油机油、水温度在最低启机温度以上。打温采取柴油机空载运行的方法进行。

7.1.2 打温注意事项：

①检查并做好机车防溜措施。

②启动柴油机前应检查机车各部，确认具备启机条件。DF_4、DF_7、DF_{10}、DF_{11}型内燃机车启机和加载油、水温度分别不得低于20 ℃和40 ℃；DFH_2、DFH_5 型内燃机车启机和加载油、水温度分别不得低于 40 ℃和 60 ℃，否则应点

燃预热锅炉进行预热。

③打温过程中，检查油、水管路无泄漏，柴油机及辅助装置的运转符合运用要求。DF_4、DF_7、DF_{10}、DF_{11} 型内燃机车柴油机转速不得超过 700 r/min，DFH_2、DFH_5 型内燃机车柴油机转速不得超过 1 200 r/min。

④在柴油机运转中，打温人员不得擅自离开机车。

7.2 电力机车打温

7.2.1 机务段根据气温情况确定段备机车打温时间，但须保证段备机车司机室及走廊处温度在 0 ℃以上，以防止车上部件冻结。

7.2.2 打温方法可以采取机车上闸牵引电机通以小电流的方法进行，同时应打开两端司机室取暖装置。

7.2.3 打温后进行制动机能试验和两位置开关动作试验，确认各部无冻结。

7.2.4 打温完毕后断开主断路器，前、后受电弓各升降 3 次以上。

7.2.5 打温注意事项：

①检查并做好机车防溜措施。

②打温过程中，牵引电流不能过高，防止机车“窜车”和牵引电机整流子过热。

③打温过程中，打温人员不得擅自离开机车。

7.3 机车打温记录

机车打温完毕，打温司机应及时填写“机务段内停留及点落火记录”（机统—5）。

7.4 防寒期机车主要部件防寒要求及注意事项

7.4.1 柴油机部分

7.4.1.1 禁止向油、水温度在启机温度以上的柴油机补加冷水。补水温度应不低于20 ℃。补水时最好使柴油机空转，注意水位不得超过上限，防止溢水冻结。

7.4.1.2　停机时应使油、水温度降至 50～60 ℃，因修理或其他原因需放水时，油、水温度应在40 ℃以下时进行。

7.4.1.3　机车到达终点或入库前，应及时关闭百叶窗并放下防寒被进行保温，并应与地勤或打温人员进行交接。

7.4.1.4　冬季长期停留的机车转入运用时，应拉到暖库内保温 24 h 以上，然后注入20 ℃以上的油、水。

7.4.2　制动、走行系统

7.4.2.1　机车到达终点或入库后须排尽总风缸、远心集尘器、油水分离器、分水滤气器等空气滤清部件内部积水。

7.4.2.2　机车出库前除按《机车操作规程》进行检查和试验外，还须试验空气干燥器性能，并对机车各部防寒状态进行外观检查。对试验和检查发现的冻结、卡滞、防寒包扎破损等不良状态要及时进行处理。

7.4.2.3　段内整备和中途停车时要及时清除制动、走行系统及车体各部冰雪。

7.4.3　电器部分

7.4.3.1　机车进暖库时，应在牵引电机热态下进入，以免牵引电动机整流子表面缓霜。长时间停留机车进库时，应提高牵引电动机整流子表面温度后再进库，并彻底检查各电机，不得有缓霜或水珠。

7.4.3.2　长期停留机车投入运用前，应彻底检查牵引电机整流子表面保持干燥，发现有缓霜、水珠时应擦净、吹干，处理完毕后用 1 000 V 兆欧表测试主回路绝缘电阻符合段规要求后方可投入运用。

7.4.3.3　电力机车库内整备作业，要及时检查、清除受电弓、主断路器及各车顶绝缘子上部的冰雪。

7.5　机车的防冻与解冻

7.5.1　内燃机车长期段备或无动力回送时，为避免冻结，应打开所有水阀、排水阀和排水堵，排出积水，并用压力空气吹扫送风管路、风缸、油水分离器等易积水部位，关闭门窗和百叶窗，挂好防寒被。

7.5.2　机车已发生冻结时，应进行解冻。当机车某些部件和管路冻结时，可采用库内保温或采用热水、热汽的方法进行解冻。采用热水、热汽解冻时须关闭电器间门，避免因蒸汽进入电器间造成电气线路接地。内燃机车在任何情况下，均不得用火烤的方法进行解冻。

7.5.3　机车解冻后，补充上水，并检查各管路、接头、部件无冻裂、泄漏。启机加温后，要用手触摸各管路、接头、部件温度是否一致，如温差过大，说明仍有冻结现象，必须重新解冻。

7.6　机车防寒期运用注意事项

7.6.1　内燃机车加载前，应根据气温调整好百叶窗及防寒被开度，使柴油机油、水温度符合 7.1.3 条规定。

7.6.2　启动机车及长大坡道牵引运行时，应根据线路和气候情况，适量撒砂，防止空转。

7.6.3　途中停车检查机车时，应重点检查走行部状态，并及时排出总风缸、远心集尘器及油水分离器的存水。

7.6.4　运行中，关闭非操纵端司机室门窗并根据气温情况开放非操纵端热风机（暖气），以防空气制管路系统发生冻结。施行制动停车时，应根据减压量和线路、气候情况，适量撒砂，以防滑行。

7.6.5　内燃机车在途中发生故障不能继续运行时，应立即关闭门窗，挂好防寒被。柴油机能启动时，应使其空转或间断打温，以保持规定的油、水温度。如柴油机不能启动，应点燃预热锅炉保温；预热锅炉不能使用且水温降至 5 ℃以下时，须在适当地点及时放水。

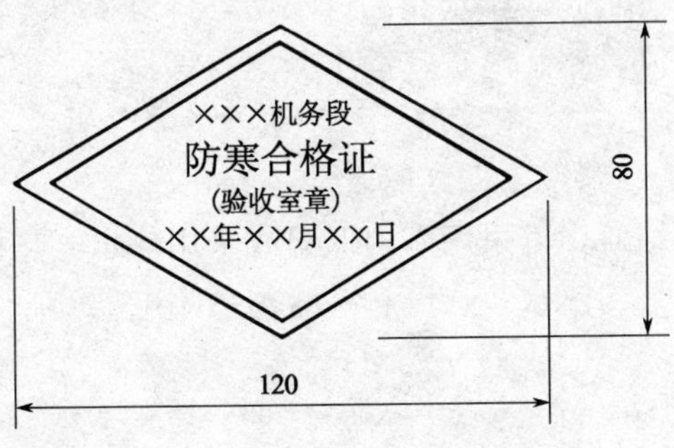

附图 1　机车防寒合格证式样

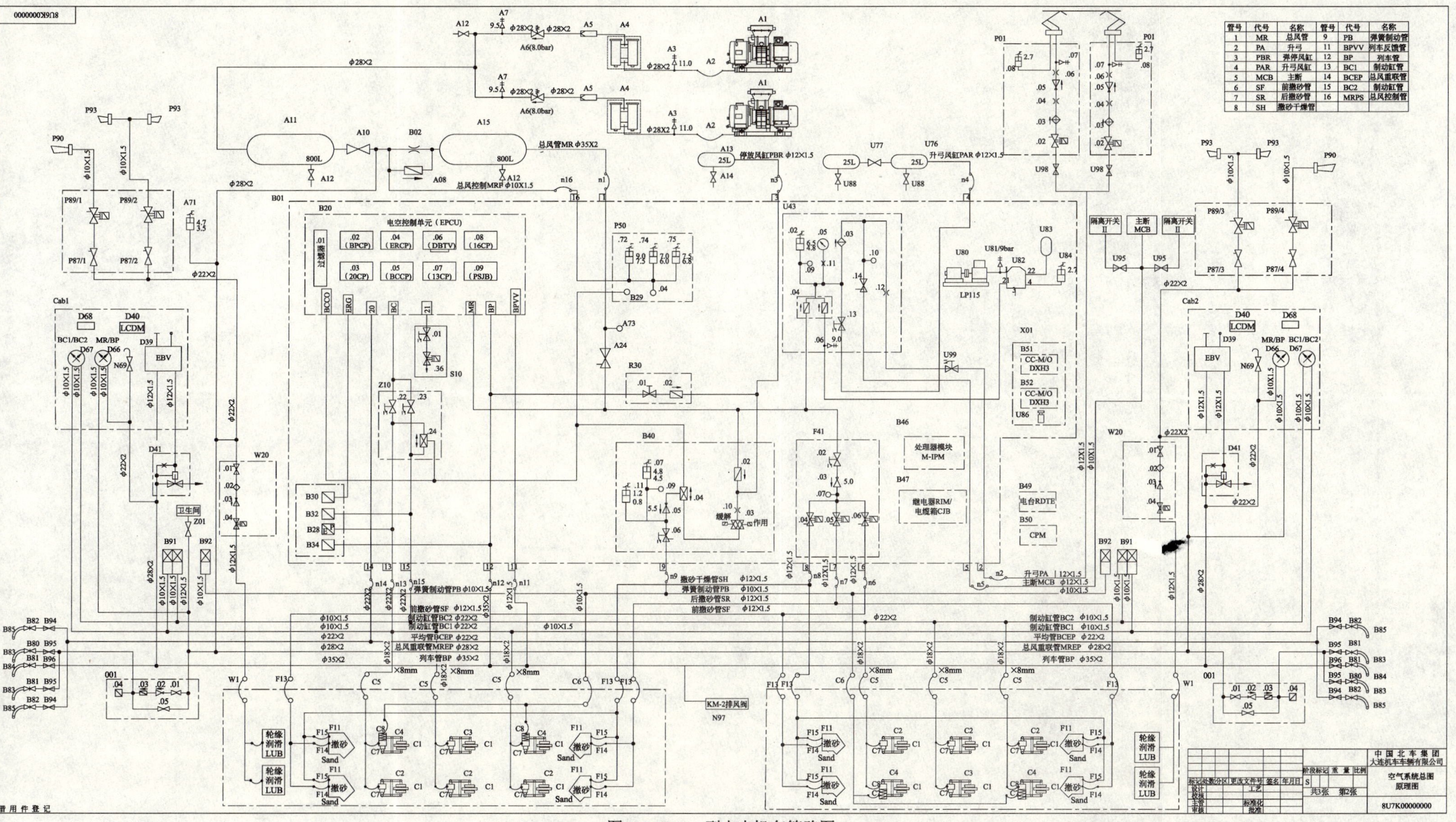

图38 HXD3C型电力机车管路图

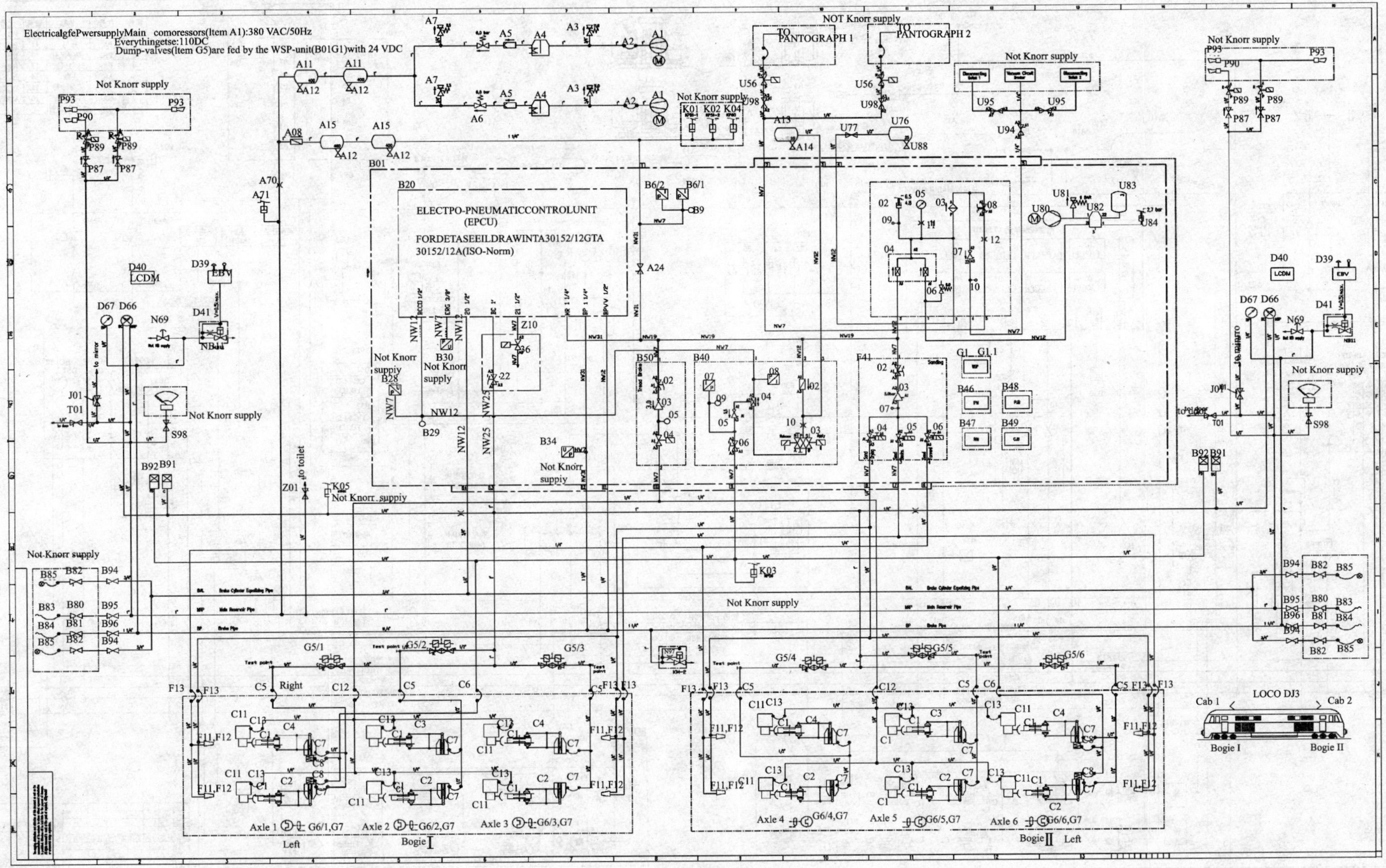
ElectricalgfePwersupplyMain comoressors(Item A1):380 VAC/50Hz
Everythingetse:110DC
Dump-valves(Item G5)are fed by the WSP-unit(B01G1)with 24 VDC
NOT Knorr supply
TO PANTOGRAPH 1
TO PANTOGRAPH 2
Not Knorr supply
ELECTPO-PNEUMATICCONTROLUNIT
(EPCU)
FORDETASEEILDRAWINTA30152/12GTA
30152/12A(ISO-Norm)
LCDM
EBV
to mirror
to toilet
Right
Left
Axle 1
Axle 2
Axle 3
Axle 4
Axle 5
Axle 6
Bogie I
Bogie II
LOCO DJ3
Cab 1
Cab 2
图36 HXD₃型电力机车管路图

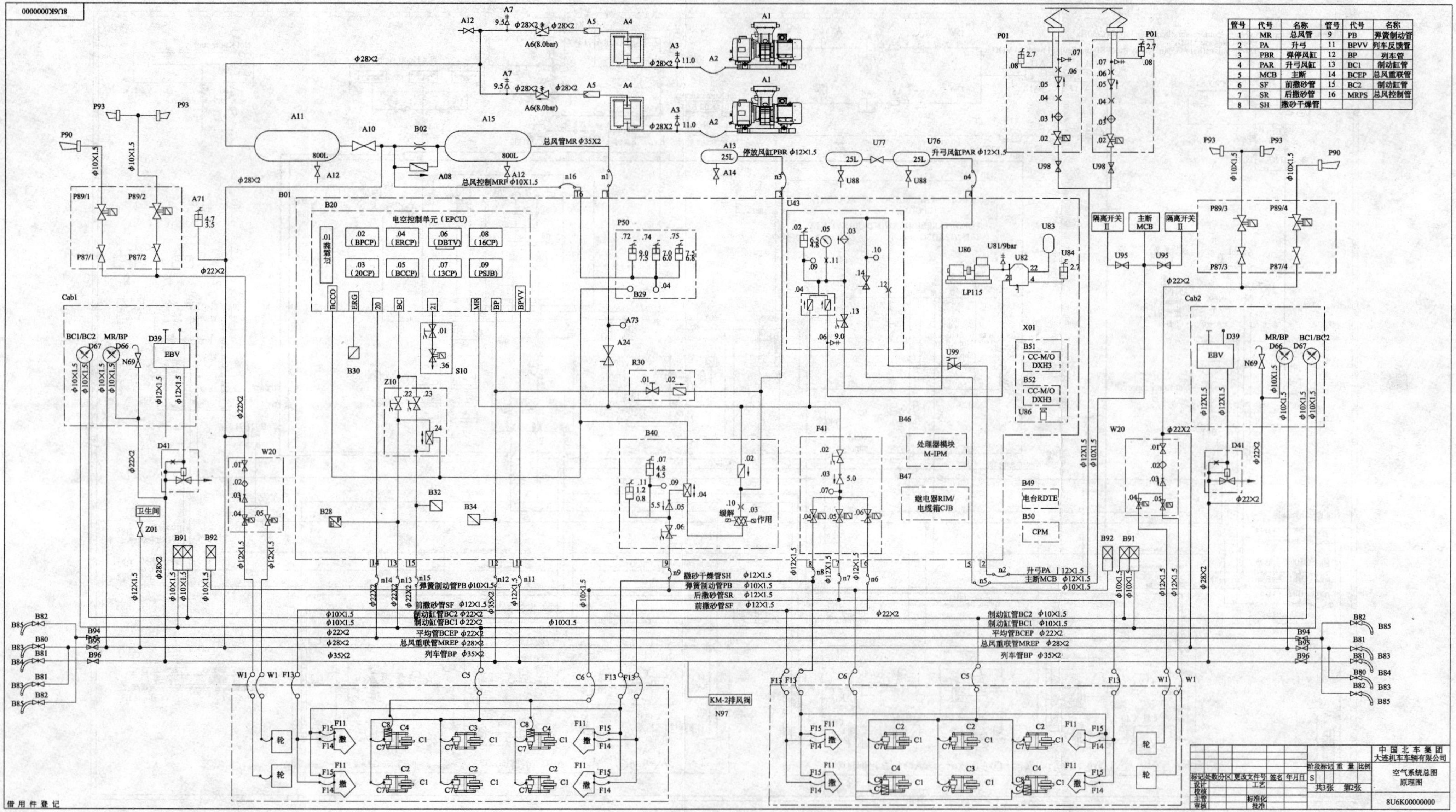

管号	代号	名称	管号	代号	名称
1	MR	总风管	9	PB	弹簧制动管
2	PA	升弓	11	BPVV	列车反馈管
3	PBR	弹停风缸	12	BP	列车管
4	PAR	升弓风缸	13	BC1	制动缸管
5	MCB	主断	14	BCEP	总风重联管
6	SF	前撒砂管	15	BC2	制动缸管
7	SR	后撒砂管	16	MRPS	总风控制管
8	SH	撒砂干燥管			

中国北车集团
大连机车车辆有限公司

空气系统总图
原理图

共3张 第2张

8U6K00000000

借用件登记

图37 HXD3B型电力机车管路图